中国古代史50问

中国地图出版社◎编著

中国地图出版社

·北京·

图书在版编目（CIP）数据

中国古代史50问 / 中国地图出版社编著 . -- 北京：
中国地图出版社，2024.11

ISBN 978-7-5204-3920-6

Ⅰ．①中… Ⅱ．①中… Ⅲ．①中国历史－古代史－青
少年读物 Ⅳ．① K220.9

中国国家版本馆 CIP 数据核字 (2024) 第 011154 号

ZHONGGUO GUDAI SHI 50 WEN

中国古代史 50 问

出版发行	中国地图出版社		邮政编码	100054	
社　　址	北京市西城区白纸坊西街 3 号		网　　址	www.sinomaps.com	
电　　话	010-83490076　　83495213		经　　销	新华书店	
印　　刷	保定市铭泰达印刷有限公司		印　　张	6.75	
成品规格	165 mm × 225 mm				
版　　次	2024 年 11 月第 1 版		印　　次	2024 年 11 月河北第 1 次印刷	
定　　价	29.80 元				
书　　号	ISBN 978-7-5204-3920-6				

*如有印装质量问题，请与我社联系调换。

前　言

《义务教育历史课程标准》(2022年版)提到,义务教育历史课程,是学生在马克思主义唯物史观指导下,了解中外历史发展进程、传承人类文明、提高人文素养的课程,具有鉴古知今、认识历史规律、培养家国情怀、拓宽国际视野的重要作用。历史的学习,有助于学生发展核心素养,培养学生适应未来发展的正确价值观、必备品格和关键能力。

对于刚接触历史学科的学生来说,史海浩瀚,很多内容难以理解,所以他们的脑海里存在很多疑问:

为什么海内外的华人常常自称"炎黄子孙"?

"烽火戏诸侯"是真的吗?

……

这就需要一本以教材为依据,又超越教材的历史书,来深入浅出地回答他们的诸多疑问。

《中国古代史50问》密切结合初中历史课标、课本和中考考点,由国内教育专家和重点中学的一线优秀教师精心打造。本书将"学生的兴趣点""教材的知识点""学生的素养生长点"相结合,精选50个问题,用翔实的史料、精练的文字予以解答。

除此之外,考虑到读者的阅读习惯,书中配有与正文相关的高清插图,它们不仅可以丰富阅读节奏,还能让学生以信息可视化的方式学习历史知识,从而使其对历史有更深入的理解。

这些图文并茂、生动有趣的问答,能丰富学生的知识储备,激发他们对历史的好奇心,吸引他们阅读,引领他们去探索中国古代的辉煌历史。

目录

有关中国古代历史的问答

由此开始

"北京人头像"是如何复原的?

1929 年 12 月 2 日,古人类学家裴文中在周口店火车站向北平(今北京)发出一封电报:"顷得一头骨,极完整,颇似人。"这封短短的电报震动了中国乃至世界考古学界。这一头骨化石来自著名的"北京人"。

北京人头盖骨的发现

1927 年,中国地质调查所和协和医学院组织对北京西南周口店开展考古发掘(1928 年,国民政府改北京为北平)。1929 年 12 月 2 日,裴文中在周口店龙骨山发掘出第一个完整的人类头盖骨化石。从 1927 年到 1937 年考古工作因战争中止,周口店遗址共出土 5 个完整头盖骨、140 余枚牙齿及一些肢骨,还有数万件石制品和上百种哺乳动物化石。这是极为重要的考古成就。

裴文中像

北京人复原头像

中华人民共和国成立前,北京人头像都是由外国人复原的。这些复原头像均未能正确反映北京人的外貌特点。

1959 年,中国科学院古脊椎动物与古人类研究所吴汝康、吴新智、王存义根据北京人头骨化石的情况,把化石上缺损的部分补全。待头骨复原之后,他们参考了现代中国人软组织的测量、统计资料,

对部分软组织的厚度进行了调整。在此基础上，一个栩栩如生的北京人女性头像出现在我们的眼前——她的前额低平，向后倾斜；眉脊粗壮，左右相连，呈屋檐状；颧骨高突，鼻子扁宽，吻部前伸，没有下颏；面部较短，明显前突，头发披散。由于塑造外形时，专家们考虑到北京人生活的艰苦性，所以她的皮肤就不能是细皮嫩肉，表情就不能斯文怡雅。这些特征从北京人复原头像上可以看得十分清楚。

周口店遗址

002 | 我们的先民是
如何烹饪大米的?

香喷喷的大米饭是中国人餐桌上的主食之一。水稻脱壳后就是我们平时说的大米。煮熟后的大米则是米饭。你知道原始时代的米饭是什么样子的吗?

河姆渡遗址的碳化稻谷

20世纪70年代初,浙江余姚的农民在修建排涝站的时候,意外发现了大量古代房屋遗存。这些遗存的所在地就是大名鼎鼎的"河姆渡"。考古专家对河姆渡遗址开展了大规模发掘,他们不仅发掘了房屋,还发现了墓葬群、动物遗骸、生产工具等。最让人惊奇的是,在遗址黑褐色的土层中,闪现出一些黄灿灿的小颗粒。一与空气接触,它们很快就变成了泥土的颜色。考古学家经过仔细辨认,发现它们居然是碳化了的稻谷!经过科学测定,它们在地下已经被埋藏了约7000年!后来,考古学家在遗址内发现了大量稻谷、稻壳、稻秆和稻叶等形成的厚厚的堆积层。

先民烹饪大米的方式

河姆渡先民发现稻谷是不可以直接吃的。那么,他们是如何加工稻谷的呢?在河姆渡遗址的发掘过程中,还出土了很多长条形的石盘和石棒。考古学家据此推断,河姆渡先民先把稻谷放在石盘上,然后用石棒碾压稻谷,使之脱壳,之后就得到了大米。

在没有电饭煲的约7000年前,大米的烹饪方式成了河姆渡人面临的问题:煮米饭还是熬粥?在河姆渡的房屋遗存内,出土了几

河姆渡遗址出土的稻谷和稻叶

个平淡无奇的敞口圆腹的陶罐。不知为什么，罐子的底部有一层黑色的物质。经过化学分析，人们吃惊地发现，这些黑色物质是碳化的锅巴。这是不是意味着河姆渡人能在陶罐中煮饭？根据生活经验，煮米饭可能会形成锅巴，熬粥也能形成锅巴。考古学家推测，河姆渡先民既不煮米饭，也不熬粥，他们做的是一种介于米饭和粥之间的食物，也就是米糊，或者叫稠粥。尽管河姆渡先民能够种植水稻，但是在生产力不发达的当时，水稻的产量是很低的，再加上后期碾压脱壳造成的损耗，他们最终得到的大米更少。因此，可供煮成米饭的大米不够。如果熬粥的话，虽然节约了大米，但是可能根本吃不饱肚子。只有把大米熬成稠粥，甚至在里面加入果子和菜，才能为先民提供充足的营养。

003 | 为什么海内外的华人常常自称"炎黄子孙"?

　　"炎黄子孙"中的"炎"指炎帝,"黄"指黄帝。炎帝和黄帝是我国上古时期的部落首领。

炎帝神农氏

　　炎帝是上古时期姜姓部落的首领,号神农氏。相传,远古人民以采集、渔猎为生。炎帝彻底改变了先民的生产方式。他发明农业,并教民开垦土地,种植五谷和蔬菜。这反映了中国原始时代由采集、渔猎进步到农业的情况。他尝百草,发现药材,教人治病。他还制作陶器,发明纺织,会煮盐,教人们交换物品。炎帝还制作琴瑟,

黄帝陵

并具有最早的天文和历法知识。

黄帝有熊氏

黄帝为姬姓，名轩辕，号有熊氏，也是部落首领。相传，他能建造宫室以避寒暑，还能制作衣裳，挖掘水井，制造船只，会炼铜，还发明了弓箭和指南车。相传在黄帝时期，仓颉创造文字，伶伦制作音律，隶首发明算盘，黄帝的妻子嫘祖擅长纺织。

从炎黄联盟到中华民族

在部落发展的过程中，神农氏和有熊氏之间爆发了阪泉之战。结果，炎帝战败，归服了黄帝，两大部落结成了炎黄联盟。这一时期，在神州大地上繁衍生息的有西方的炎黄联盟、东方的夷人部落、南方的苗蛮部落。在涿鹿之战中，炎黄联盟打败了以蚩尤为首的夷人部落。从此以后，夷人部落融入了炎黄联盟，这为早期华夏族的形成奠定了基础。后来，经过颛顼、帝喾两个时期的发展，炎黄联盟与苗蛮部落发生了冲突。到了禹在位时，苗蛮部落终于与炎黄联盟融合。

夏朝建立后，华夏族开始形成。这是中国出现的第一个国家。前221年，秦始皇建立以华夏为主体的统一的多民族国家。在秦朝疆域内，逐步实现了车同轨、书同文、行同伦，华夏开始成为稳定的族体，为汉民族的形成奠定了基础。秦汉以后，华夏族这一称谓先后为"秦人""汉人"乃至"唐人"所代替。今天，中华民族是中国各民族的总称。

以上就是中华民族的总体发展脉络。可以看到，炎黄二帝是中国人最早的祖先，所以我们自称"炎黄子孙"。

什么是
禅让制？

在上古史领域，有一个长期以来令人津津乐道的话题：禅让制。那么，禅让制是什么？它有什么历史意义呢？

尧舜禅让

黄帝之后，先后产生了多位部落联盟首领，其中就包括尧。尧处理部落事务得心应手。在他的领导下，百姓安居乐业。不知不觉间，尧已经当了几十年首领。他觉得自己年纪大了，应该尽早确定继承人。这可是部落里的大事，不能草率，于是尧决定找大家来商量一下。有人推荐尧的儿子丹朱，尧觉得丹朱过于顽劣，并非合适的人选。他认为，继承者应是一位贤能的人。于是，大家又推举了舜。尧问："我听说过舜。这个人怎么样？"

大家说，舜是个很可怜的人。他的母亲早逝，父亲双目失明，糊涂偏心，再婚后又生一子，名"象"。继母和象经常刁难、陷害舜，但舜却能孝顺父母，爱护弟弟。尧听了，决定对舜进行考验。尧把自己的两个女儿嫁给了舜，观察舜处理家庭事务的能力。在舜的努力下，他的两位妻子与公婆的关系非常融洽。尧还安排他到不同的地方工作。舜每到一个地方，都能用高尚的德行感化大家。尧看到舜德才兼备，就把治理天下的大权交给了他。

舜禹禅让

舜在位时，最棘手的事就是治理天下泛滥的洪水。一想到百姓正面临农田被淹、居无定所的悲惨遭遇，舜就吃不下饭，睡不着觉。

大禹治水

怎样才能彻底治理水患呢？尧在位时，曾命鲧治水，鲧让百姓筑起堤坝，堵截洪水，这样治水治了九年，到了舜时，水患依旧。鲧不得力，有谁能接替他，担当治水重任呢？舜看中了鲧的儿子禹，并发动各个部落，令他们配合禹，全力投入治水工程中。禹带领大家开展实地调研，决定采用疏导的方法，根据地势的高低开渠排水。方案确定后，禹和治水大军一起，冒着严寒酷暑劈山破土，治理水患。他曾三次路过自家门口，却都因为心系治水工程而没有进门，"三过家门而不入"的典故就来源于此。禹带着大家没日没夜地苦干了十三年，终于彻底制服了洪水，百姓从此过上了安心的日子。禹建立了大功，成了人们心中的治水英雄，后人为了表示尊重，称他为"大禹"。

到了晚年，舜效仿尧，将部落首领的位子禅让给了治水有功的禹。尧舜禹禅让的故事反映了中国历史早期的民主实践。

005 | 夏朝是一个 怎样的王朝?

我们都知道,夏朝是中国历史上的第一个王朝。那么,是谁建立了夏朝? 夏朝的制度建设有什么特点? 它的历史地位如何呢?

夏朝的诞生

我们熟悉的"大禹治水"的主角——禹,本是夏后氏部落领袖。治水成功后,禹深受民众拥护,便顺理成章地接替舜,成为部落联盟首领。继位后,禹统领大军,平定了在南方叛乱的三苗部落,进一步增强了自己的威望。为了巩固权力,他在涂山(今安徽省怀远县东南)召集各部落首领开会。此外,禹将九州进贡的青铜铸成了九个鼎,用以象征九州。禹成了各部落的君长,他已掌握了最高的王权。至此,一个国家正式诞生了,这就是中国历史上第一个王朝:夏朝。

世袭制取代禅让制

虽然这是一个全新的时代,但王朝的统治者禹却面临着此前各个时代的领袖都要解决的问题,那就是谁来做他的继承人。皋陶是和禹一起辅佐过舜帝的功臣,很有威望。因此,禹曾选择皋陶做他的接班人。然而,皋陶未及继位就去世了。伯益曾和禹一起治水,禹认可他的能力,便推举伯益做自己的接班人。不过,伯益并非没有竞争者。禹的儿子启十分能干,而且具有一定的政治影响力。为了争夺王位,他暗自笼络了一些部落首领,形成了自己的派系。继位后的第十年,禹到东部地区视察,在会稽山(在浙江省中部绍兴市、嵊州市、诸暨市、东阳市之间)突然去世。随后,伯益接掌了禹的权力。然而，启的支持者反对伯益执掌国政。他们纷纷表示，只认可启继承禹的大位，甚至各方首领不去朝见伯益，而去朝见启。失去支持的伯益最终被启取代。自此之后，禅让制被终结，取而代之的是世袭制。

夏朝的历史地位

夏朝共存在了四百多年。到目前为止，尽管没有文字资料证明夏朝的存在，但2004年启动的"中华文明探源工程"系列考古工作证明，今河南省洛阳市偃师区二里头遗址很有可能是夏朝后期都城的遗址。遗址内出土了宫殿、居民区、制陶作坊、窖穴、墓葬等遗迹，还有大量石器、陶器、玉器、铜器、骨角器等遗物，其中的青铜爵是目前所知中国最早的青铜容器之一，而镶嵌着绿松石的装饰品则代表了那个时代玉器制作的较高水平。《夏小正》是中国最早的物候专著，从中可以看出，夏朝人已经测算出一年有十二个月。这些都说明，中国的原始野蛮时代结束了，文明时代开始了。

二里头遗址出土的乳钉纹铜爵

甲骨文是
怎样被发现的?

2019年,为纪念甲骨文发现一百二十周年,中国国家博物馆举办"证古泽今——甲骨文文化展",这一展览展出了近一百九十件甲骨、青铜、玉石等文物,讲述了甲骨文被发现与发掘的惊世过往,展示了博大精深的早期中华文明。那么,甲骨文是如何被发现的呢?

甲骨和甲骨文

"甲骨"是乌龟的甲壳和兽类的骨头,刻在甲骨上的文字就是甲骨文。在商代,上层社会利用龟甲兽骨占卜吉凶时,会在甲骨上刻写卜辞和与占卜有关的记事文字,甲骨文就此诞生。在可识的汉字中,甲骨文是最古老的文字体系。

王懿荣发现甲骨文

清代晚期,小屯(今河南省安阳市小屯村,即殷墟的核心区)的农民不断地从农田里挖出白骨片。他们把这些"龙骨"收集起来,当作药材卖到中药铺。光绪二十五年(1899年),国子监祭酒王懿荣患病。他派人到药店买回一剂中药,无意中看到没被捣碎的龙骨上面刻着一些符号。王懿荣对金石学素有研究,因此这个发现让他大为好奇。他拿起那龙骨,仔细端详起来。经过细致的研判,他觉得这不是一般的刻痕,倒像是古代文字。他翻开典籍,希望从中找出破解心中疑问的线索。

然而,要想深入研究这个问题,光靠典籍是不够的,还需要更多的龙骨。王懿荣抱病来到药店,叮嘱店老板:如果再有人送龙骨

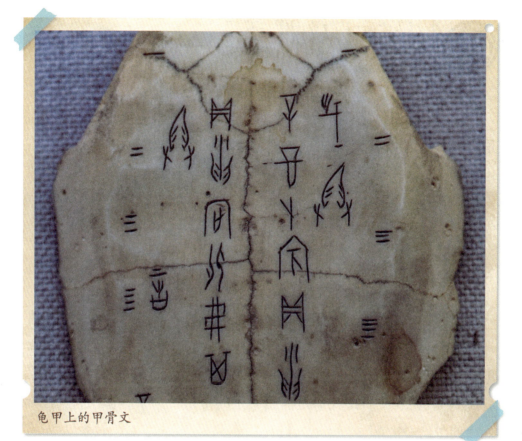

龟甲上的甲骨文

来，请代为引见。没几日，就有人带来了十二片龙骨。王懿荣见到刻有文字的甲骨片，分外高兴。他瞧着眼前神秘的符号，紧缩的眉头舒展了。他兴奋地告诉在场的人：这是比钟鼎文更古老的中国文字！人们听了，才明白，原来这药材是真正的古董。于是，王懿荣以高价买下了这十二片甲骨，并继续大量收购甲骨。他一边收集，一边拿着放大镜逐字研究。随后，一个又一个象形的、怪异的、抽象的、单调的文字符号被破译，字与字连为语言的链条，一个个链条构成清晰的历史记忆。沉睡了三千多年的殷商甲骨文终于被发现了，王懿荣则被后人称为"甲骨文之父"。

是"司母戊鼎"还是
"后母戊鼎"？

　　鼎是什么呢？鼎相当于一口大锅，不过它不是普通的大锅，而是古代贵族宴飨、祭祀时的主要用器之一。作为礼器，鼎是中华文化的代表性器物。传说，大禹曾铸九鼎以代表华夏九州，因此鼎在古代也是权力的象征。"后母戊鼎"（旧称"司母戊鼎"）是最著名的鼎之一，现藏于中国国家博物馆。

国之重器

　　"后母戊鼎"是商代晚期青铜器，长方形，四足，通高133厘米，重832.84千克，是现存最大的商代青铜器。1939年，后母戊鼎出土于河南安阳武官村（今属河南省安阳市），因鼎腹内有铭文"后母戊"而得名。"后母戊"是商王文丁的母亲。为了祭祀戊，文丁命人铸造了这一大鼎。

　　大鼎出土后，日伪得到消息，便来搜寻。为了保护文物，村民

后母戊鼎

又将大鼎埋在了地下。1946 年，安阳军事当局从地下挖出大鼎，鼎缺一耳。当年 10 月，安阳方面为了向蒋介石贺寿，把大鼎运到南京，由中央博物院筹备处保管。

1949 年，南京解放。国民党运送大鼎至台湾不及，大鼎仍在中央博物院筹备处。1950 年，南京博物院成立，大鼎入藏该院。后来，南京博物院修复了大鼎的缺失之耳。

1959 年，南京博物院将大鼎移交正在筹建中的中国历史博物馆（中国国家博物馆的前身之一）。

更名风云

早在 20 世纪 40 年代，学术界就对鼎腹内的铭文提出了"后""司"两种见解。此后很长一段时期，社会上对"司母戊"的认知度较高，但"后母戊"说一直与之并存，且有证据证明其合理性。比如，有学者以卜辞、殷周金文为依据，认为司、后为正反书，实为一字。这种观点对中国国家博物馆的部分学者产生了影响。这些学者认为：

一、"后"是指母戊的身份，称"后"代表她是"商王之后"；

二、20 世纪 70 年代，妇好墓出土了部分铜器铭文、石文，其中有"后母辛""后辛"，说明"后母戊"的说法不是孤例；

三、有时，商代文字的写法向左和向右可以互通。

于是，自 2010 年至 2011 年，中国国家博物馆先后在图录和展览中将"司母戊鼎"更名为"后母戊鼎"，这引起了社会较为强烈的反响。直到今天，"司""后"之争也没有结束。有的学者认为，"司"说仍然行得通，不赞同中国国家博物馆的更名行为。另一些学者则提出，两说都有道理，建议学界进一步探讨，在没有得出公认的结论前，不对两说进行取舍。

008

商朝是
如何灭亡的?

汤灭夏,建立了商朝。商朝的农业比较发达,出现了规模较大的早期城市,成为当时世界上的文明大国。到了纣王时期,商朝的国势快速衰落,最终被周朝取代。那么,商朝是如何灭亡的呢?

荒唐的纣王

纣王偏信宠妃妲己,还横征暴敛,以求填满自己的钱库。如果有大臣对他的荒唐行为提出反对意见,就会被施以残酷的炮烙之刑。时间久了,敢进谏者多被杀害或驱逐,他的周围聚集着阿谀奉承之徒。他发动对东夷的战争,导致很多商朝士兵无辜战死。由于纣王昏庸,所以一些原本拥护商朝的部落开始远离他。

周国崛起

此时,位于岐(今陕西省岐山县东北)的诸侯国"周",正日渐强大。周的君主姬昌(史称"周文王")与商朝有杀父之仇:其父季历死于商王文丁之手。周文王虽有灭商之心,但此时周的国力还不足以与商抗衡,所以他忍辱负重,潜心经营。纣王对周国并不放心,便找借口囚禁了周文王。当时,周文王的大儿子伯邑考在商朝做人质。纣王便杀害了伯邑考,并把他做成肉汤,赐给周文王。周文王怀着杀父、杀子之痛喝下了肉汤,并誓死灭商。为求自保,他装作若无其事的样子。同时,他的臣子送给纣王许多奇珍异宝。纣王见周文王的表现不错,认为他对自己构不成威胁,便把他放了。

周文王回到周国,把悲痛和仇恨深埋心底,不懈发展国力,等待灭商的机会。为成就大业，周文王广招天下贤能之士，有抱负的人纷纷为他效力，其中最有名的就是太师姜子牙。姜子牙帮助周文王开疆拓土，加快了灭商的步伐。经过一番征伐，周国"三分天下有其

周文王像

二"。遗憾的是，未及灭商，周文王便因病去世，他的次子姬发（史称"周武王"）即位。周武王尊姜子牙为"师尚父"，命他统领周国军事。另一方面，纣王更加暴虐无道，他身边的忠臣实在看不下去，纷纷前来劝谏。纣王哪里听得进去，他杀了叔父比干，囚禁了哥哥箕子。其他正直的大臣忍无可忍，纷纷离他而去。

牧野之战

此时，灭商的时机已经成熟。周武王通告诸侯共同伐商，诸侯军纷纷前来，与周军一起组成数万联军。联军来到商都朝歌（今河南省淇县）附近的牧野（今河南省淇县西南），周武王在这里誓师，战士们士气高涨。纣王听闻联军将至，便临时纠集士卒七十万，妄图负隅顽抗。双方军队在数量上虽然悬殊，但联军团结一致，战斗力强，商军却如散沙一般，毫无斗志。刚一交战，商军便纷纷倒向联军。纣王见大势已去，就在鹿台（在朝歌）自焚而死。周军进驻朝歌，商朝灭亡，西周开始。

山东为什么被称为"齐鲁大地"？

我们都知道，"齐鲁大地"是山东省的别名。那么，山东省为什么被称为齐鲁大地呢？实际上，这个称呼起源于西周时期的分封制。

齐国与鲁国

周武王建立西周后，是"天下共主"，被称为"周天子"。他将王室宗亲、功勋卓著的重臣等分封到各地，赐予他们极大的权力。这些受封者被称为"诸侯"，诸侯可以在封地上建立自己的国家，也就是"诸侯国"。在诸侯国内，诸侯世代占有封地及其居民。当然，在享有权力的同时，他们也有必须履行的义务。如果周天子要对外作战，诸侯应带领自己的军队参加。此外，诸侯要定期向周王进献贡物。

周成王封姜太公于今山东北部，建都营丘（后称"临淄"，在今山东省淄博市临淄区北）。春秋初期，齐桓公任用管仲为卿，国力富强，成为霸主。齐国盛时，疆土东到海，西到黄河，南到泰山，北到无棣水（今河北省盐山县南），成为诸侯国中的大国。

鲁国为姬姓，开国君主为周公旦之子伯禽。鲁国在今山东省西南部，建都曲阜（今山东省曲阜市）。作为周天子控制东方的重要据点，鲁国是保存西周礼制较多的诸侯国之一。不过，受当时形势的影响，鲁国开展了一系列变革活动，如著名的"初税亩"。

齐、鲁始封时，各自只有地方百里。经过不断的兼并战争，它们的疆土得到拓展，各自分得今天山东省的一部分。而且，随着政治、经济、文化的交流，两国的联系逐步加强，齐鲁地域文化圈逐步形成。在此基础上，"齐""鲁"由国家概念向地域概念过渡。

"齐鲁大地"的诞生

首先将齐、鲁并称的，是圣人孔子。他说："齐一变，至于鲁。鲁一变，至于道。"在这里，孔子强调的是齐、鲁两国的文化联系。到战国后期，"齐鲁"一词便经常出现。有时，它是国家概念，指齐、鲁两国；有时，它是地域概念，指今山东地区；有时，它是地域文化概念，指齐鲁文化。这一方面说明，齐、鲁两国的文化经过逐步融合，到战国时代已初步形成一个统一的文化实体，成为天下向慕的"礼义之邦"了。另一方面，作为地域概念，"齐鲁"也明确地指今天的山东地区。

可见，山东被称为"齐鲁大地"，与两周的历史进程有密切关系。与此类似，起源于两周的地域别称还有"燕赵""三晋"等。

尼山圣境的孔子巨像

"烽火戏诸侯"是真的吗?

《史记》记载,西周因周幽王"烽火戏诸侯"而亡国,但有人认为,历史上并无所谓"烽火戏诸侯"。那么,历史的真相到底如何呢?

司马迁的说法

据《史记》,周幽王是西周末代君主,他有一位宠妃,名叫"褒姒"。褒姒十分美丽,但却冷若冰霜,不喜欢笑。为了逗褒姒开心,周幽王想尽办法,她却始终不笑。周幽王最终决定,在烽火台上做文章。

当时,从都城到边关,沿途遍设烽火台。一旦敌寇进犯,守军立刻点燃烽火,向天子、诸侯报警。诸侯见了烽火,知道天子有难,会起兵救驾。这天,周幽王带着褒姒登上城楼,上演了一出荒唐的闹剧。原来,周幽王命人点燃烽火,谎报军情,并成功引来诸侯军。

烽火戏诸侯

赶到镐京（今陕西省西安市长安区西北镐京村附近）城下时，诸侯军见城内灯火辉煌，鼓乐喧天，才知道上了当。大家狼狈不堪，却敢怒不敢言，只好气愤地收兵回营。褒姒见千军万马招之即来，挥之即去，如同儿戏一般，觉得十分好玩，不禁嫣然一笑。

周幽王终于逗笑了褒姒。此后，他屡次上演同样的戏码，导致诸侯无人前来救驾。后来，申侯联合缯侯、犬戎进攻西周。周幽王的烽火召不来诸侯，西周因此灭亡。

"烽火戏诸侯"的破绽

然而，有人对这个故事的真实性提出了质疑。历史学家钱穆在《国史大纲》里就曾说过，"诸侯兵不能见烽同至，至而闻无寇，亦必休兵信宿而去，此有何可笑？"他的意思是，诸侯在各地，并不能同时到达，到了之后见并无战事，无非休整兵马，歇息两夜就回去了，有什么好笑的呢？2008年，清华大学获得了一批战国竹简。在其中一组竹简中，专家发现了有关西周灭亡的记载，但其中并没有提到"烽火戏诸侯"的故事，这似乎也在某种程度上证明了这个故事并非史实。

西周的亡国

目前，我们可以确定的是，西周的灭亡和宫廷斗争有直接关系。周幽王偏爱褒姒，想废掉太子宜臼和太子的母亲申后，另立褒姒为后，以褒姒的儿子伯服为太子。申后的父亲就是上文中的申侯，即申国的国君。他不满周幽王的做法，联合缯侯、犬戎对抗周幽王。犬戎攻破镐京，周幽王携褒姒、太子仓皇出逃，终被犬戎追上。周幽王被杀死于骊山（今陕西省西安市临潼区东南）脚下，西周亡。

011 造型奇特的三星堆青铜器给了我们什么启示?

三星堆出土了大量青铜器,被誉为"20世纪人类最重大考古发现之一"。三星堆青铜器造型奇特,迥异于中原地区的青铜器,这给了我们什么启示呢?

面具与人像

三星堆博物馆坐落于四川省广汉市,馆内陈列着这样一副面具:眼球呈柱状,向外凸出16厘米;双耳似翅膀,向两侧充分展开;鼻梁短,鼻翼向上内卷;口缝深长,上扬。从整体上看,面具造型奇特,似乎展现出神秘微笑。更重要的是,这副面具巨大无比,它宽138厘米,高66厘米。它出土的时候,五人合力才把它抬了出来。这是世界上现存年代较早、体形较大的青铜面具,我们称它为"青铜纵目面具"。

1986年,青铜纵目面具出土于三星堆二号祭祀坑,与它一同出土的有青铜立人像,该像是现存较高、较完整的青铜立人像,被誉为"世界铜像之王"。该像高180厘米(冠顶至足底),纵目、大耳、直鼻、长嘴,头戴高帽,身穿三层衣服,衣服上刻有精美纹饰,纹饰以龙纹为主,还有鸟纹、虫纹等。人像的双手环握,似乎曾持有某种物品。其整体形象庄严,表现的似乎是一位具有通天异禀、正在作法的大人物。

古蜀国文明

上文中的两件青铜器只展现了三星堆文明的一角。三星堆文明集中分布于三星堆遗址,该遗址的面积为 12 平方千米,是我国西南地区分布范围较广、延续时间较长、内涵较丰富的古文化遗址。就在这 12 平方千米的土地下,掩藏着古蜀国的辉煌。自古以来真伪莫辨的古蜀国传说,因三星堆而成为信史。

《华阳国志》有这样的记载:"有蜀侯蚕丛,其目纵,始称王。"学术界普遍认为,前文提到的青铜纵目面具表现的可能是蚕丛的形象。后来,又有名为"鱼凫"的蜀王。唐代诗人李白在《蜀道难》中感叹道:"蚕丛及鱼凫,开国何茫然!"诗句的意思是,传说蚕丛和鱼凫建立了蜀国,但是其开国的年代实在久远,无法详谈。上文中提到的青铜立人像,其造型在三星堆出土文物中多次出现。可以推测,人像的动作是祭司祭祀时的标志性动作,反映了古蜀文明的发展水平。

多元一体的中华文明

在探寻有关历史记忆的过程中,青铜器的意义非凡,这类器物成为历史研究的重要对象。青铜是一种铜、锡合金。刚刚铸造完成时,青铜器呈金色。随着时光变迁,其表面产生锈蚀后变为青绿色,所以有"青铜"之称。与夏商周的青铜器相比,三星堆遗址青铜器在属性上有很大区别。后者多是神像、人像、面具等物品,而差不多同时代的前者多是实用的容器,例如鼎(炊器兼盛食器)、尊(酒器)、鬲(炊器)、簋(食器)等。

无论是三星堆造型奇特的青铜器,还是代表中原文明的夏商周青铜器,都是中华文明的杰作。中华文明并非发源于一地,而是从一开始就如点点繁星,在中华大地上熠熠生辉。

012 | 齐桓公是怎样成为春秋霸主的?

你知道"春秋五霸"吗?其中,排名第一的是谁?

从公子小白到齐桓公

春秋时代,周王室衰微,周天子缺乏对全天下的号召力,基本成了摆设。有实力的诸侯打着"尊王攘夷"的旗号谋求霸权,比如"春秋五霸"之首齐桓公。

齐桓公,姓姜,名小白。他的哥哥齐襄公统治时期,齐国的政局动荡。为了避祸,小白逃到莒国,他的师傅是鲍叔牙。齐襄公十二年(前686年),宗室公孙无知杀掉齐襄公,自立为君。第二年,公孙无知被杀,一时间齐国大乱。齐国正卿高傒是小白的好友。他见齐国无君,立即秘密通知小白,让他赶紧回国夺位。

这时,小白的哥哥公子纠在鲁国,他也得到了消息。在鲁国军队的护送下,公子纠启程回国。同时,公子纠的师傅管仲带兵埋伏在从莒国到齐国的路上。当小白一行进入伏击圈后,管仲一箭射中小白的带钩。小白顺势倒地装死,骗过了管仲。消息传来,公子纠一行认为小白已死,于是放慢脚步,六天后才到达齐国。这时,他们惊讶地发现,小白不但没死,还被立为了国君。于是,"齐桓公"走上了历史的前台。

管仲与齐国的改革

齐桓公即位后,第一件事是派兵攻打鲁国。鲁国战败,为了向齐国谢罪,便杀了公子纠,囚禁了管仲。可齐桓公还感到不解气,想要一并除掉管仲，但鲍叔牙劝说道："如果君上只想让齐国强大，叔牙和高傒便可以帮您办到。如果君上想成就天下霸业，那么管仲不但杀不得，还应委以重任。"齐桓公听了，怕因为复仇之心错杀贤才，便假借雪恨之名把管仲接到齐国。在与管仲谈论称霸蓝图之后，他大喜过望，决定任用管仲为卿，并尊称他为"仲父"。管

管仲像

仲见齐桓公有如此胸怀，深受感动，决心全力辅佐他。

在管仲的帮助下，齐桓公推行改革。他按土地肥瘠征税，节制力役的征发，禁止掠夺家畜。他还主张开发渔盐之利，铸货币，平物价，允许罪人用兵器或铜赎罪。此外，齐桓公重视人才选拔，以优秀者为士。经过改革，齐国的经济水平进步明显，军队的战斗力和国力大增，于是他走上了称霸之路。

称霸天下

齐桓公三十四年（前652年），周惠王崩，太子郑害怕王子带争位，不敢发丧，求助于齐。齐桓公召集诸侯，助太子继位，史称"周襄王"。次年，齐桓公在葵丘（今河南省民权县东北）与诸侯会盟，襄王不但派使者与会，还把祭祀用的肉赐给齐桓公。在春秋史上，葵丘之会意义重大，标志着齐桓公正式成为霸主。

齐桓公之后，春秋时代的其他四位霸主开启了"你方唱罢我登场"的激烈角逐。为了争夺更多的土地、人口和财富，诸侯不断发动兼并战争，严重冲击了西周以来以血缘关系为纽带的宗法制度。

013 | 孔子为什么被称为"万世师表"?

清代,康熙皇帝曾亲自为曲阜(今山东省曲阜市)孔庙题写匾额:"万世师表",用来称颂"至圣"孔子。那么,孔子为什么获得了这么高的评价呢?

孔子其人

孔子(前551年—前479年),名丘,字仲尼,是儒家学派创始人。他出生于陬邑(今山东省曲阜市东南)。孔子的祖先是宋国贵族。少年时,他的家中贫困。面对逆境,他努力上进,立志求学,逐渐成为当时公认的知识渊博的人。

山东曲阜孔庙

政治主张

孔子生逢春秋晚期。那时，周王室衰微，诸侯并起，社会动荡不安。如何更好地治理天下是孔子苦苦思索的问题。在政治主张上，他的核心思想是"仁"。在治国方略上，他宣扬"为政以德"，主张用道德和礼教来治理国家，认为这样人民才会心悦诚服，社会才会稳定。他认为，"仁者爱人"，人要有爱心和同情心。那么，如何做到"爱人"呢？"入则孝，出则悌"，爱自己的父母、兄弟姐妹；"己欲立而立人，己欲达而达人"，就是要帮助他人，大家一起进步；"己所不欲，勿施于人"，自己不想要的，不要强加到别人身上。

教育思想

春秋时代，诸侯崇尚武力，所以孔子的政治理念没有市场，得不到诸侯的认可。但他没有就此消沉，而是设杏坛，收徒弟，授六艺。孔子的教育理念是"有教无类"，即人人都有受教育的权利。教师对学生应一视同仁，施以同等的教育，不因其贵贱贫富而有所区别。这一教育理念流传至今，对后世具有举足轻重的影响，孔子也被后世公认为"至圣先师"。

在教学中，孔子发现、总结了一系列学习方法。"三人行，必有我师"，这是教育我们要善于向他人学习；"温故而知新"教导我们要及时复习学过的知识，在这个过程中，能有新体会和新发现；孔子还认为，"知之者，不如好之者。好之者，不如乐之者"，爱好学习，以学习为乐趣的话，会有更大的进步。

总之，孔子不仅是大思想家，还是大教育家。从治学弘道到教书育人，孔子用他的思想为华夏大地盖上了文明的烙印，两千余年，未曾磨灭。

卧薪尝胆是一个怎样的故事?

卧薪尝胆是个大家都很熟悉的成语。那么，你知道它背后的故事吗?

阖闾之死

春秋时代，吴国和越国偏居东南，它们也有争霸中原的野心。吴王阖闾和越王允常各自励精图治，开展军事建设，努力发展经济，两国的势力逐渐强大，成为互相竞争的对象。

吴王阖闾五年（前510年），吴国进攻越国，越国战败。几年后，阖闾攻破楚都郢（今湖北省荆州市荆州区西北），越王允常得到消息，认为吴国空虚，便趁机发动袭击，败吴军。吴王阖闾十九年（前496年），越国新王勾践继位，阖闾趁机进攻越国，却兵败身亡。临终前，他派人回国，传令太子夫差继位。他对夫差的遗言是："你忘了勾践杀了你父亲吗?"

会稽之辱

吴王夫差二年（前494年），夫差发精兵攻打越国，大败越军，越王勾践退守会稽山（在浙江省中部绍兴市、嵊州市、诸暨市、东阳市之间）。当时，他手中只剩五千名甲兵。在生死存亡之际，勾践派大臣文种贿赂吴太宰伯嚭，请其劝吴王夫差不要消灭越国。后来，勾践果然免于亡国，却成为夫差的奴仆。此后，勾践在吴国度过了三年忍辱负重、卑躬屈膝的日子。在获得夫差的信任后，他获准回到越国。

勾践复仇

回国后，勾践睡在柴草上，又把苦胆吊在座席旁，坐着、躺着都会看着它，吃饭、喝水的时候都要尝尝它的苦味，并提醒自己："你忘了会稽之辱吗？"他亲自耕田，他的饭桌上只有一盘肉菜，他不穿华丽的衣服，对宾客礼敬有加，能及时救济百姓，抚恤死伤。几年后，越国就发展起来了。

吴王夫差十四年（前482年），夫差北上，与诸侯会盟。此时，吴国国内空虚，勾践认为这是他一雪前耻的好机会，遂派兵进攻吴国，俘获吴国太子并攻入吴国都城。夫差闻讯后，派人向勾践求和，于是越国暂停了伐吴行动。吴王夫差十八年(前478年)，越国再次伐吴。吴王夫差二十一年（前475年），勾践倾全国之力发动灭吴战争，吴越之间的最后一战爆发。越军一路势如破竹，包围吴国国都达三年之久，终于攻破吴国，而吴王夫差则用利剑结束了自己的生命。至此，吴越之间的战争以越国的胜利而告终。后来，勾践北上会盟诸侯，终成春秋时代的最后一位霸主。

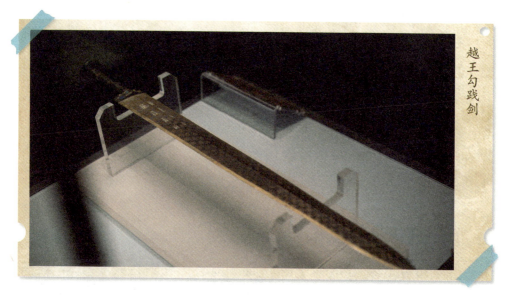

越王勾践剑

015 秦国是怎么崛起的？

战国时代，秦国地处中原之外，是"七雄"中的落后国家。然而，到了战国后期，秦国却一跃成为"七雄"中最富强者，并一举打败六国，统一天下。那么，秦国的国力为什么会发生这样巨大的变化呢？这要从著名的商鞅变法说起。

秦孝公决心变法

商鞅，战国政治家、法家代表人物。他本在魏国任职，因得不到魏王的重用，便来到秦国，向秦孝公讲述自己的强国之策，得到了对方的认可。

当时，在七国中，秦国国力弱小。而且，由于不在中原，秦国向来受到六国的鄙视。秦孝公三年（前359年），秦孝公为了实现富国强兵的愿望，打算在秦国推行变法，但他又担心变法会招致天下人的议论，所以犹豫不决。

一天，在朝会上，秦孝公与大臣们商议变法之事。甘龙、杜挚认为变法益处不大，遵循旧的礼法、制度才是治国的根本。商鞅表示反对，他认为治理国家没有一成不变的办法，只要有利于国家，不必坚守旧的法度。他还说，明君是因为不沿袭旧的法度，所以能统一天下，而那些昏君正是因为不懂得改弦更张而亡国。秦孝公听了商鞅的话，大为赞赏，便决定实行变法。

商鞅变法及其效果

想要变法，先要取信于民。商鞅担心，秦国百姓不相信自己，法令得不到贯彻。于是，他命人在国都雍城（今陕西省宝鸡市凤翔区南）集市的南门处竖起一根三丈高的木杆，并宣布：谁能把这根木杆搬到集市北门，就给他十镒黄金。百姓见了，都觉得不可思议。在当时，十镒黄金是一大笔钱。搬一根木杆就能得到这么多钱，是真的吗？所以，迟迟无人敢来尝试。商鞅见了，再次宣布：谁能把这根木杆搬到集市北门，就给他五十镒黄金。这时，有个人壮着胆子，把木杆搬到了集市北门，商鞅当即兑现了承诺。从此以后，大家对商鞅的话深信不疑。这就是著名的"立木为信"的故事。

当时，秦国盛行贵族世袭制，很多贵族的军功、爵位和俸禄可以世代相传。与之相反，奴隶、士兵处于社会底层，就算获得军功，也丝毫改变不了身份地位。为了实现强兵的目标，激发士兵的斗志，商鞅整改秦原有的爵制，参照各国制度，制定爵位等级，其后逐渐形成按照军功大小授予爵位的二十等爵制。这一制度把士兵的作战积极性调动了起来，极大地增强了秦军的战斗力。渐渐地，秦军成为战场上的常胜军。

此外，商鞅命人拆除了田埂地界，让人们重新认领土地，公平地向国家交纳赋税。他还奖励耕织：收获粮食、织出布匹多的人，可以免除徭役。为了促进经济发展，他颁布法定的度量衡器，统一度量衡制。

由于得到了国君的支持、人民的信任，商鞅的变法主张得以贯彻，秦国的军事、政治、经济逐渐发展，国力日渐雄厚。秦孝公二十四年（前338年），秦孝公去世，商鞅失去了靠山。不久，那些因变法而利益受损的秦国旧贵族联合起来，杀死了商鞅。虽然商鞅死了，但是他的新法却未被废除，一代代秦国国君和百姓一起，沿着商鞅开辟的道路继续前行，为后来秦国统一六国奠定了坚实的基础。

什么是
合纵和连横？

战国时代，尽管七个诸侯国大小强弱不同，但没有一个国家能单独对抗其余六国。因此，联络友邦、共同对付敌国是明智之举，也是必然的选择。于是，一个新的群体应运而生——纵横家。

公孙衍和张仪

纵横即"合纵""连横"。"合纵"即弱国联合起来进攻强国，以防止强国的兼并。"连横"是弱国跟随强国去进攻其他弱国，以达到兼并土地的目的。纵横家，就是通过游说各国参与合纵、连横，来吞并或削弱别国的谋士。当时，比较有名的纵横家有公孙衍、张仪等人。

五国合纵伐秦

秦国自商鞅变法以来，国力逐渐增强，并不断进攻其余六国。为了抵御秦国的攻势，魏襄王元年（前318年），魏国大臣公孙衍主导了合纵攻秦，参加的国家有魏、赵、韩、燕、楚五国，楚怀王为纵长。然而，五个合纵国并不是一条心，所以步调不一致。五国联军虽然到了函谷关（今河南省灵宝市东北），实际与秦交战的却只有魏、赵、韩三国。次年，秦派庶长樗里疾率兵与魏、赵、韩在修鱼（今河南省原阳县西南）作战，把联军打得大败。"五国合纵伐秦"遭到失败，但秦国却在西线受到游牧部族义渠的袭击。原来，在五国攻秦前，公孙衍对义渠君说："如果秦和中原诸侯不打仗，一定会焚烧、抢掠您的国家。"后来，五国伐秦，义渠君也随之起兵攻秦，并大败秦军。

楚怀王上当

与公孙衍不同，秦相张仪一直主张"连横"，即秦国联合韩、魏两国，对付齐楚联盟。秦惠文王时，秦国想要夺取楚国的汉中地区（今陕西省秦岭以南，留坝县、勉县以东，乾佑河流域以西和湖北省十堰市郧阳区、襄阳市保康县以西，粉青河、珍珠岭以北）。为了实现这一目标，消除东线可能受到的军事威胁，秦国必须想办法拆散齐楚联盟。于是，张仪被派去游说楚怀王。

楚怀王盛情接待了这位声名显赫的秦相，问道："您来到我们国家，有什么指教吗？"张仪答道："秦王一直以来都很尊敬您，但十分讨厌齐王。现在，秦王想要讨伐齐国，却怕您会不高兴。因此，秦王想知道您能否与齐国断交？如果楚国不再同齐国往来，我愿请秦王把秦国商（今陕西省丹凤县西北）、於（今河南省西峡县）一带的六百里土地献给您。"楚怀王一听，大喜过望，便与齐国解除盟约，并派将军去接收商、於之地。可此时张仪却开始耍赖，不承认要献给楚王六百里地，只愿给六里。这可把楚怀王气坏了，他立刻发动大军进攻商、於之地。谁知，楚国在战场上一败涂地，不仅没抢来商、於之地，还被秦国夺去了汉中。

战国形势发生的变化

此后，随着形势的变化，秦国灵活施展合纵、连横之术。时间久了，秦国兼并的土地越来越多。秦王政九年（前238年），秦国的东郡东北与燕国接壤，东与齐国接境，北面包围赵国，南面包围韩、魏两国，从而使得东方六国相互间往来中断，不敢再发动合纵攻秦。秦完成统一大业已经是大势所趋。

长平之战为什么被称为"纸上谈兵的悲剧"?

"纸上谈兵"是大家熟悉的成语。你知道它背后的故事吗？这个故事对战国历史进程产生了怎样的重大影响呢？

冯亭献地

战国时代，各国争相以变法、改革为途径，增强国力。通过商鞅变法，秦国成为战国七雄中实力雄厚的一方。在赵武灵王"胡服骑射"的军事改革之后，位于秦国东方的赵国军力强盛，成为可以与秦抗衡的国家。秦昭王三十七年（前270年），秦国曾攻打赵国，却被赵将赵奢击败。秦昭王四十一年（前266年），魏人范雎任秦相，他向秦昭王提出"远交近攻"的策略，即主张将靠近秦国的韩、魏、赵作为秦国兼并的主要目标，同时与齐国等距离较远的国家保持良好关系。后来，秦国攻打韩国，韩桓惠王十分惊恐，派人到秦国，请求献出上党郡（郡治在今山西省长治市北）的土地，以求秦国息兵。而上党郡的郡守冯亭却不愿降秦，他把上党郡的十七个县献给了赵国。见冯亭献地，赵孝成王欣然接受。秦昭王闻讯大怒，决定出兵攻赵，引发了长平之战。

秦人的流言

赵国派老将廉颇迎战。战争初期，赵军小败了几场。廉颇见状，认为秦军劳师远征，补给线漫长，所以利在速战。与之相反，赵军补给近便，所以打消耗战是最好的策略。于是，他率军筑牢壁垒，并不迎战。秦、赵两军在长平相持了三年，不分胜负。面对僵局，范雎派人到赵国散布流言："廉颇很容易对付，秦国最害怕的是赵奢的儿子赵括。"受家庭熏陶，赵括从小就熟读兵法，与父亲谈论军事时头头是道。然而，赵奢并不赞赏他，赵括的母亲觉得奇怪，就问赵奢其中的缘故。赵奢说："战争是关乎生死存亡的大事，赵括却把它说得很简单。赵国不用赵括为将还好，如果用他为将，必使赵军遭受危难。"

秦人的流言很快传到赵王耳朵里。在长平前线，廉颇败后畏战，早已引起赵王的不满。加之流言的影响，他要把廉颇调回，换赵括为主将。虽然老臣蔺相如与赵括的母亲前来劝阻，但赵王却不为所动，坚持成命。赵括一到前线，马上改变廉颇的作战方针，要主动出兵，进攻秦军。秦昭王得知赵王上当，便秘密派名将白起到达前线，担任主将。

赵军大败

这天，赵括带兵杀向秦军。秦军佯装败退，引诱赵军至秦军营垒。赵军追击时，白起命令秦军左右两队步兵迂回到赵军后方，截断其后路，又将赵军主力一分为二。赵军被秦军围困，断粮四十六天，大量赵军饿死。见迟迟等不来援军，赵括亲率精锐部队强行突围。最终，赵括被秦军乱箭射死。见主将丧命，赵军士兵纷纷向秦军投降。随后，白起命令秦军将赵军四十多万人活埋，长平之战以秦国获胜而告终。

长平之战是战国时代从未有过的大战。通过这场战争，秦国从根本上削弱了当时关东六国中最为强劲的对手赵国，也令其他五国受到极大的震慑。从此之后，秦统一天下的趋势已不可逆转。

018 | 都江堰水利工程是
如何建成的?

今天，成都平原上有一项伟大的水利工程——都江堰。让我们一起来探寻都江堰的来历吧!

成都平原的周边环境

战国时代，每年夏秋岷江都会泛滥成灾，使得成都平原变为泽国，真是害苦了老百姓。你不妨猜猜，这条江为什么会如此恼人呢?

首先，让我们从高空俯瞰，你会发现成都平原像一柄摊开的折扇，向东南方倾斜。岷江发源于四川省北部的岷山，这里山高谷深，水源充沛，每到雨季，江水就会浩浩荡荡地从西北山区闯入成都平原。此外，岷江的出山口玉垒山的海拔为700多米，而下游的成都平原的海拔为600米左右，这么大的落差更加助长了水势的汹涌。古时人烟稀少，没有堤防，古代人民经常被迫与岷江洪水做斗争。

李冰修筑都江堰

后来，秦人李冰来到蜀郡（治所在今四川省成都市），担任郡守。经过一系列实地考察，他发现玉垒山是岷江的咽喉地带。扼住了岷江的咽喉，就掌握了治水的主动权。于是，他决定凿穿玉垒山。当时，还没有炸药，李冰便带领当地民众以火烧石，再趁热在山石上浇冷水，利用热胀冷缩的原理使岩石崩裂，最终使部分山体离开了玉垒山，这部分山体名"离堆"。而离堆与玉垒山之间的排水口因形状酷似瓶口，所以名为"宝瓶口"。宝瓶口既可以引水，为下游提供用水，又可以限制过量的水进入灌区，真是一举两得!

宝瓶口竣工后，其上端地势较高，江水流入宝瓶口的效果不理想。于是，李冰又带人修筑了"鱼嘴"和"飞沙堰"。由此，岷江被分为了内江和外江。

　　所谓"鱼嘴"，其实是一条分水堤。鱼嘴位于岷江江心处，形如弯弓，前端扁平入水，就像鱼的嘴巴，因此得名"鱼嘴"。鱼嘴巧妙地分流引水、排沙，自动调节内外两江的水量。枯水季节，水流较缓，内江分流多。丰水季节，水流较急，外江分流多，起到泄洪的作用。根据弯道环流原理，表层水流向凹岸进入内江，底层水流向凸岸进入外江，这样就可以把大部分泥沙排向外江。

　　飞沙堰是溢洪道，位于内江下游约 1000 米处，其主要功能是二次分水、二次排沙。因堰底高于河床，枯水季节，江水漫不过飞沙堰，直接注入宝瓶口。丰水季节，多余江水漫过飞沙堰，起到了泄洪作用。此外，鱼嘴分水后，仍有部分泥沙进入内江，这就需要飞沙堰二次排沙。这样一来，进入宝瓶口的泥沙变得很少，解决了江道淤塞的问题。

都江堰的历史地位

　　经过多年的努力，李冰带领当地百姓，克服重重困难，终于修成了伟大的水利枢纽——都江堰。它科学地处理了宝瓶口、鱼嘴、飞沙堰三项主体工程的关系，使其功能互补，配合巧妙，浑然一体，有效解决了水患。从此，成都平原成为人人称羡的"天府之国"。

　　今天，都江堰水利工程还在发挥作用。它是先辈的不朽杰作，也是古代水利工程"古为今用"的奇观。

 ## 春秋战国时代，
人们使用的是什么样的兵器？

在春秋战国，天下战争不断。当时的人用的是什么样的兵器呢？这些兵器经历了怎样的发展历程呢？

冷兵器的发展

唐代陆广微的《吴地记》记载，春秋时代，吴王阖闾派干将铸剑，却总是不成功。其妻莫邪以身祭炉，终于成功铸得雌、雄两支宝剑，雌剑名为"莫邪"，雄剑就叫"干将"。这个故事充分说明，春秋时代，冷兵器制造已经得到诸侯的重视。

所谓"冷兵器"，指不带有炸药或其他燃烧爆炸物质，主要依靠人力、畜力、机械力的作用进行作战的兵器。那么，冷兵器是怎样出现的呢？

在原始社会，部落之间有时会发生战争。战斗时，人们多使用棍棒、石头、兽骨等。这个时代，兵器还未完全从生产工具中分化出来。渐渐地，中国的兵器完全从生产工具中分化出来，成为一个单独的器物门类。

1965年，湖北省的江陵楚墓中出土了一把青铜剑，名曰"越王勾践剑"。它长55.6厘米，宽5厘米，剑格的正面、背面分别镶嵌着蓝色琉璃和绿松石，其体现的工艺水平与现代机床相比，也毫不逊色。1983年，同样是在湖北江陵，出土了一件吴王夫差自用青铜矛，其全长29.5厘米，矛体饰有菱形几何暗纹。

越王勾践剑和吴王夫差矛的出土，似乎让我们来到了那个金戈铁马的春秋时代。这两件冷兵器都充分体现了春秋工艺的顶端水平，它们将实用性与艺术性完美结合，深刻体现了古人的智慧与创造力。

中国古人对冶炼技术的探索没有止境。1957年，甘肃省出土了一把青铜柄铁剑。此剑剑柄由青铜铸成，剑叶为铁质，残长9厘米，宽3厘米，焊接于铜镡之上。它向我们证明，至迟在春秋早期，古人已经掌握了冶炼生铁的技术，铁器时代来临了！相比青铜剑，铁剑更加锋利，韧性更强，不易折断，寿命更长，也更有利于作战。

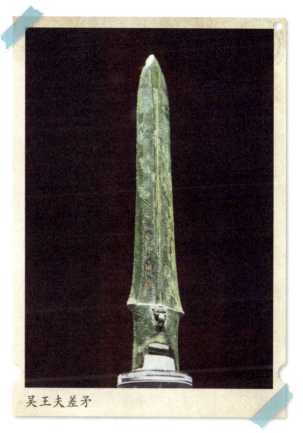

吴王夫差矛

从兵器到农具

在战争中，铁器帮助士兵提高战斗力。在日常生活中，铁器则改善了百姓的生活质量。铁元素在地壳中的含量远超铜元素，再加上冶炼技术的进步，为铁器的大规模生产提供了物质基础和工艺保障。如果说铁制冷兵器是毁灭的象征，那么铁制农具则是创造的象征。到了战国中期，铁农具已取代木、石农具而取得主导地位。铁器的广泛使用和牛耕的推广，使荒地开垦变得更为便利。"私田"不断出现，与之相对的是"公田"的没落、井田制度逐步瓦解。

020 | 春秋战国对当今的中国有什么影响？

今天的山东省，又被称为"齐鲁大地""孔孟之乡"，这两个名称源于春秋战国时代。那么，除此之外，春秋战国对当今的中国有哪些影响呢？

关于中华民族精神的塑造

春秋战国时代，圣哲先贤运用他们的智慧，对社会现实、个人修养、人际关系、人与自然的关系等众多问题提供了解决方案。他们的思想不仅成为中华优秀传统文化的重要组成部分，更是在塑造中华民族的民族精神方面发挥了重要的作用。儒家的"己所不欲，勿施于人""养浩然之气"让我们明白，每个人都应该固守正确的行为规范，养成良好的道德素养；道家的"天地与我并生，而万物与我为一"说明了，我们应该树立万物和谐的生态观念，认识共建地球生命共同体的紧迫性；墨家说，"天下兼相爱则治，交相恶则乱"，这让我们懂得，社会的和谐离不开我们每个人的参与和维护。穿越千年的历史长河，诸子百家的思想仍然散发着智慧的光芒。我们不仅通过诵读经典来传承他们的智慧，更在个人成长中践行这些思想。它们是中华民族宝贵的精神财富。

中华民族多元一体观念的形成

春秋时代出现了"华夏"的观念，这一观念指的是中原地区的汉族先民，与之对应的是边疆地区的狄、戎、蛮、夷等少数民族。随着周王室日益衰落，边疆的少数民族纷纷进入中原地区。此后，华夏民族与少数民族在生产、生活方式上越来越接近，这说明今天的中华民族在春秋战国时代已经开始形成。我们有责任和义务维护国家统一，促进民族团结。

用自然规律指导农业生产

古代的劳动人民勤劳勇敢，富有智慧。在长期的生产实践中，人们发现，农作物耕种需要根据太阳运行情况进行，而节气能较好地反映太阳运行的周期。智慧的劳动人民把不同的农耕活动安排在不同的节气中进行："立春天渐暖，雨水送肥忙""到了惊蛰节，锄头不停歇"。

其他

今天，我们生活的很多方面，仍然可见春秋战国的影子。春秋时代，有巧匠鲁班，他发明了多种木工工具，成为建筑行业的祖师爷；战国时代，名医扁鹊总结了诊断疾病的望、闻、问、切四诊法，这一方法至今仍是中医行业的行业标准；战国时代，人们根据磁石的特性发明了"司南"，这是我们今天使用的指南针的前身。

春秋战国时代距离现在已经很遥远了。但是，当历史照进现实，我们会发现，历史从未远去，它拥有持久的生命力，潜移默化地影响着我们每个人⋯⋯

021 | 如何评价 秦始皇的功过?

秦始皇是家喻户晓的历史人物。那么,秦始皇有哪些功业和过失呢?如何评价他的功过呢?

秦的统一和皇帝制度的建立

前247年,十三岁的嬴政继承王位,为秦王。至前221年,嬴政先后灭掉韩、魏、楚、燕、赵、齐六国,完成了统一大业,建立了中国历史上第一个中央集权的封建王朝。

战争的硝烟渐渐散去,秦王嬴政认为自己是统一天下第一人,继续沿用王的称号无法彰显自己的丰功伟绩。大臣们提议,嬴政称"泰皇"。他从中取了"皇"字,又取了五帝中的"帝"字,立号为"皇帝"。"皇帝"从此成为中国历代封建君主的专有称号,直到清朝灭亡,才退出历史舞台。

中央和地方的管理模式

秦始皇先在中央组建了"领导班子",推行三公九卿制,众公卿由皇帝任免,对皇帝绝对效忠。在地方治理上,秦始皇采纳了廷尉李斯的建议,吸取了春秋战国时期实行分封制导致诸侯割据的教训,在全国推行郡县制,实现了中央对地方的垂直管理,加强了中央集权,并为后世地方治理提供了基本模式。

"书同文""车同轨"

秦朝建立之初,全国尚未统一文字。秦始皇下令实行"书同文"，规定以秦小篆为统一书体。后来，在中国大地上，虽然多次出现割据局面，但是文字始终是统一的。文字的统一，促进了各地区的经济文化交流，有利于形成中华民族的民族认同感，成为中华文明传承不息的重要条件。

战国时代，各国为了防范他国战车的进攻，各自建设了宽窄不同的车道。秦朝建立后，秦始皇下令实行"车同轨"，规定车轨距离为六尺。此外，他还下令修建了从都城咸阳（今陕西省咸阳市东北）通往四面八方的驰道。驰道修好后，若地方有叛乱，秦军可以通过驰道迅速抵达目的地，平息叛乱。同时，驰道还方便了各地间的经济文化交流，进一步加强了中央政府对全国的控制。

货币、度量衡的统一

除了"书同文""车同轨"，秦始皇还有两项伟大的举措，那就是统一货币、度量衡。战国时期，各国流通的货币在形状、重量和币值上都不一样。天下统一之后，这种情况阻碍了经济发展。因此，秦始皇下令在全国范围内推行半两重的方孔圆钱。除统一货币外，秦始皇还统一了度量衡。货币和度量衡的统一，对巩固封建国家的统一和推动经济文化发展起到了积极作用。

秦始皇的暴政

秦始皇以过人的才智完成统一大业，开创了一个自古未有的局面，对后世影响深远。但由于他实行专制主义，横征暴敛，加上连年用兵，导致民怨沸腾，秦帝国只经历了十五个春秋便轰然倒塌。

022 | 阿房宫的历史真相是怎样的?

"六王毕,四海一。蜀山兀,阿房出。……戍卒叫,函谷举,楚人一炬,可怜焦土!……"通过唐代杜牧的名篇《阿房宫赋》,我们知道了著名的宫殿阿房宫,也知道它被项羽率领的楚兵一把火烧成了焦土。但是,有人声称,项羽烧的并不是阿房宫,我们都被杜牧骗了。那么,有关阿房宫的历史真相究竟如何呢?

《史记》中的阿房宫

司马迁在《史记》中说,秦始皇三十五年(前212年),始皇认为咸阳(今陕西省咸阳市东北)人口众多,而先王留下的宫廷太小,于是在渭水(今渭河)以南的上林苑中兴建宫殿。当时,秦始皇先命人建"前殿阿房",其东西长五百步,南北宽五十丈,"前殿阿房"之上可以坐一万人,其下可以竖起五丈高的旗杆。由于先期

项羽雕塑

工程的所在地是阿房，所以当时的人就将未来竣工后的全部建筑统称为"阿房宫"。司马迁生活的年代距离阿房宫的建设年代不远，因此其记载的可信度较高。

在秦代，一步相当于今天的 1.5 米，一丈可以折合成 2.33 米。由此可知，"前殿阿房"的东西长 750 米，南北长 116.5 米。根据《史记》的记载，"前殿阿房"只是阿房宫的一部分，可见阿房宫占地面积之广、工程量之大。

"阿房宫"并非这座庞大建筑群的正式名称。秦始皇本打算在其竣工后为它取一个美好的名字。然而，到了秦始皇三十七年（前 210年），他在东巡途中驾崩。当时，阿房宫的建设工程被迫停了下来，秦始皇的继任者秦二世胡亥转而集中人力、物力，营建秦始皇的骊山陵。骊山陵竣工后，为实现先帝的愿望，秦二世又启动了阿房宫工程。不过，直至秦帝国灭亡，这一工程还远远没有完工。

考古发现

经过数十年的考古实践，阿房宫遗址的范围得到确认——它位于龙首塬向西南延伸的台地上，占地约 15 平方千米。其建筑遗址密集区，主要在今陕西省西安市三桥镇以南。在这一区域内，至今保留下来的地面夯土基址有二十余处，其中阿房宫前殿遗址最大。

《史记》记载，项羽曾"西屠咸阳，……烧秦宫室"，虽然司马迁没有说项羽烧的就是正在建设中的阿房宫，但阿房宫就在咸阳，覆巢之下，岂有完卵？而且，考古人员在遗址现场发现了少量红烧土，也说明当地发生过火情。所以，在没有确切证据的情况下，不应贸然推翻项羽火烧阿房宫的说法。

刘邦是如何建立汉朝的?

汉高祖刘邦的一生充满传奇色彩:从因龙而生到斩蛇,从发动起义到打败项羽,最终成为大汉帝国的开国皇帝。

从出生到早年

战国末年,在沛县(今属江苏省丰县)某湖的湖边,发生了一件奇怪的事情。一天,有位女子在湖边休息,然后就睡着了。突然电闪雷鸣,天昏地暗。当女子的丈夫前去寻找她时,看见一条龙盘桓在她的身上。回家之后,这位女子就有了身孕,后来她生下了一个男孩,这个男孩就是刘邦。

年少时,刘邦不务正业,好吃懒做,父亲骂他"无赖"。长大后,刘邦当了泗水(今江苏省沛县东)亭长。他性格豪爽,豁达大度,结识了很多朋友,其中不少人成为他的创业集团的骨干。

从斩蛇到起义

后来,刘邦到咸阳(今陕西省咸阳市东北)服劳役。一天,恰好遇上秦始皇出巡,他羡慕地说:"大丈夫就应该是这样的啊!"刘邦因亭长的职责,奉命押送一些役徒去骊山(在今陕西省西安市临潼区东南)服役,而役徒多在半路上逃走。刘邦心想,照这样下去,到了骊山时,这些役徒就都跑光了。因此,走到丰邑(今属江苏省丰县)西边的沼泽时,他便停下来喝酒。入夜后,他解开役徒的绳索,放他们走。其中,有十几位壮士愿意跟着他逃亡。刘邦带着醉意,在逃亡的路上用宝剑斩了一条挡住他们去路的蛇。他又前行数里,因酒性发作,便躺下睡觉。酒醒后，身边的人对他说，一位老婆婆刚才在刘邦斩蛇处哭着说自己的儿子是白帝的儿子，被赤帝的儿子杀了，说完就消失不见了。刘邦听后，心中暗喜。那些跟随他的人对他越发敬畏了。

陈胜、吴广起义后，刘邦鼓动百姓杀掉了家乡的县令，领着民众举起反秦大旗。不久，刘邦投奔了原楚国贵族项梁的军队。陈胜、吴广失败后，项梁立楚怀王之孙熊心为王，仍称"楚怀王"。后来，赵军在巨鹿（今河北省平乡县西南）被围，楚怀王派宋义、项羽率领军队去解救赵军，派刘邦率领另一支军队攻打咸阳。刘邦经过一番征战，来到霸上（今陕西省西安市东）。秦王子婴乘白马素车，用丝绳系着脖颈，捧着封好的皇帝玉玺和符节，向刘邦投降。

从"约法三章"到打败项羽

进入咸阳后，刘邦想留在皇宫中。张良、樊哙出面劝阻，刘邦才退回霸上。为了赢得民心，刘邦召集父老，和他们"约法三章"，咸阳的老百姓为此欢呼雀跃。此时，项羽已在巨鹿之战中打败秦军，便率兵直奔关中，并设下"鸿门宴"，准备杀掉刘邦，却未得逞，这给了刘邦打败他的机会。项羽占领咸阳之后，大封诸侯，刘邦被他别有用心地封到巴蜀。那个时候，巴蜀是流放犯人的地方。项羽还是不放心，便把三个秦朝的降将封在关中，令其监视刘邦。

面对挫折，刘邦并未沉沦。他听取张良的建议，烧掉了连接汉中和关中的栈道。这么做，一是为了防止他人从背后袭击，二是给项羽吃一颗定心丸，表明自己没有东还的意图。不久，刘邦"明修栈道，暗度陈仓"，突袭关中，迅速平定三秦。就这样，富饶的关中地区被刘邦全部占领了。他以关中为根据地，最终打败了项羽，结束了秦末诸侯割据的局面，建立了汉朝。

024

什么是 "罢黜百家，独尊儒术"？

"罢黜百家，独尊儒术"是汉代政治史和中国政治思想史上的重要事件。以此为标志，儒学开始在中国文化中居于统治地位。

背景

秦代专任法治，严刑重法，引发陈胜、吴广起义。汉兴，人心思静，黄老道家的无为而治思想一时成为时代的主流观念。当时，朝廷宽律弛禁，轻徭薄赋，与民休息，社会生产得到恢复，出现了文景之治的繁荣。同时，由于中央专制皇权和地方王国势力的矛盾日益激化，发生了"七国之乱"。汉武帝即位，便着手强化专制主义中央集权，讨伐匈奴，力求有所作为。儒家的大一统思想及三纲五常观念迎合了时代需要。于是，在思想领域，儒家取代黄老道家，登上了历史舞台。

过程

建元元年（前140年），丞相卫绾奏："所举贤良，或治申、商、韩非、苏秦、张仪之言，乱国政，请皆罢。"建元五年（前136年），武帝置五经博士。窦太后好黄老言，儒学复兴未有成果。建元六年（前135年），窦太后卒。

汉武帝浮雕

元光元年（前134年），武帝召集各地贤良方正文学之士到长安（在今陕西省西安市西北），亲自策问。董仲舒上《天人三策》，指出春秋大一统是"天地之常经，古今之通谊"，现在师异道，人异论，百家之言宗旨各不相同，法制数变，无所适从。他建议："诸不在六艺之科、孔子之术者，皆绝其道，勿使并进。"董仲舒的建议适应大一统的思想统治政策，很受武帝赏识。田蚡为相，罢黜不治儒家五经的太常博士，将黄老刑名百家之言排斥于官学之外，又优礼延揽儒生数百人，从而确立了儒学和儒家经典的权威地位。《汉书·董仲舒传》称："推明孔氏，抑黜百家。"于是，"儒术"成为汉代官学，儒学得到复兴并走向制度化发展阶段。后世将这一政策概括为"罢黜百家，独尊儒术"。

董仲舒像

影响

"罢黜百家，独尊儒术"政策，适应了汉武帝时期的政治需要，改变了秦时"以法为教，以吏为师"的风气，形成了"以经为教，以儒为师"的新局面，开创了礼乐教化的新阶段，奠定了中国古代政治文化的基本格局。

025 | 党锢之祸是 怎么回事？

东汉中晚期，宦官、外戚交替专权。官僚士大夫联合外戚，企图消灭宦官集团，最终酿成了党锢之祸。

历史背景

东汉后期，在官僚士大夫中盛行一种褒贬人物、左右舆论的风气，即"清议"。这种风气传到太学，诸生以郭泰、贾彪为首，与大臣陈蕃、李膺、王畅等人互相推崇。其中，李膺名望最高，士人得到他的赏识，被誉为"登龙门"。太学诸生与这些官僚臧否人物，进而抨击时政。他们把"国命委于阉寺"看成是朝政日益腐败的主要根源。这种"清议"与外戚反对宦官的政治斗争结合起来，对把持朝政的宦官集团形成严重的威胁。于是，宦官集团伺机反击，党锢之祸便是在这种历史背景下发生的。

郭泰像

第一次党锢之祸

延熹九年（166年），李膺捕杀交通宦官、教子杀人的方士张成。宦官唆使张成的弟子诬告李膺等人蓄养太学游士、交结诸郡生徒，"共为部党，诽讪朝廷"。于是，桓帝通令郡国逮捕"党人"。李膺、杜密、陈翔、陈寔、范滂等200余人被收执。次年，桓帝又下诏将"党人"赦归田里，禁锢终身，不得做官。这一事件引起了士大夫阶层的公愤。他们互相标榜，称窦武、陈蕃、刘淑为三君，李膺、杜密等8人为八俊，郭泰、范滂等8人为八顾，张俭、翟超等8人为八及，度尚、张邈等8人为八厨。官僚士大夫集团与把持朝政的宦官集团之间的斗争更趋激烈。

李膺像

第二次党锢之祸

灵帝即位后，外戚窦武执政。他起用"党人"，并与太傅陈蕃合谋诛灭宦官。然而，事机泄露，窦武自杀，陈蕃被杀。建宁二年（169年），灵帝在宦官侯览、曹节的挟持下，收捕李膺、杜密等百余人下狱处死，并陆续杀死、流徙、囚禁六七百人。熹平五年（176年），灵帝再次下令，凡"党人"的门生故吏、父子兄弟，都免官禁锢，并连及五族。中平元年（184年），黄巾起义爆发后，灵帝下诏赦免"党人"，党锢才告结束。

026 汉画像石是什么？

在汉代，为了装饰墓室、墓前祠堂、石阙等墓葬建筑，人们创作了石刻画，这种艺术也被称为"汉画像石"。

汉画像石的分布与分类

汉画像石产生于西汉，盛于东汉，主要分布在今山东、河南、江苏、陕西、山西、四川等省，另有少量汉画像石位于今湖北、浙江、安徽、北京、天津等省市。按照内容，汉画像石主要可以分为五类：

一、生产劳动。主要内容有农耕、收获、放牧、采桑、纺织等；

汉画像石

二、墓主人的社会地位、日常生活等。画面包括车骑出行、宴饮、乐舞、百戏、庖厨等；

三、历史故事和历史人物。前者主要有周公辅成王、荆轲刺秦王、二桃杀三士等，后者多为孔子及其弟子、烈女、孝子等；

四、神话传说。这类作品主要表现西王母、后羿等远古神话人物的故事；

五、植物花纹等图案。这类内容主要是画像石的边饰，也有单独的画面。

汉画像石的功能和位置

画像石是汉代厚葬习俗的产物。古人希望，人死后灵魂可以升天，这赋予墓室以象征意义，即墓室是墓主生前环境的缩影。在两汉时代，这种功利的目的不仅导致画像石在墓中的数量渐多，而且规定了画像石的功能。

画像石在墓中的分布一般为：墓门通常带有朱雀、龙、虎的铺首衔环，或是文武门吏；中心位置的前室或主室壁上、横楣上是阙、车骑、宴饮、乐舞；后室或侧室壁上是庖厨等；后壁上方是西王母，室顶是天象图；祥瑞与图案则穿插于壁面、立柱与室顶上。

在以祭祀为主要用途的地面祠堂中，画像石因题材不同分处各壁，历史人物与孝子烈女故事居壁面的中间位置，神话故事在三角楣上，构成适于观看的形象层次。石阙上的画像石主要起装饰作用，龙虎衔璧为主要内容，车骑及其他祥瑞镶嵌于阙基和檐额等处。不过，相当数量的画像石在分布上没有规律，某些地区的画像石还自有特点。

027 赤壁之战
具有怎样的历史意义?

在三国史上,赤壁之战意义重大,对后来的历史进程产生了深远的影响。

曹军南下破刘

曹操像

建安十三年(208年),曹操亲率大军进攻荆州(约相当于今湖北、湖南两省及河南、贵州、广东、广西的一部分)。当时,荆州牧刘琮不战而降。驻守樊城(今湖北省襄阳市樊城区)的刘备为避曹军锐气,与谋士诸葛亮率领部众向江陵(治今湖北省荆州市江陵故城)方向撤退,并令大将关羽领万余水兵顺汉水(今汉江)、溯江水(今长江)会师。曹操得知消息后,率五千精锐骑兵,昼夜行军三百多里,在当阳长坂(今湖北省当阳市东北)击溃刘备军队。刘备率残部逃脱,恰与关羽会合,江夏太守刘琦也领万余人接应刘备。刘备顺汉水,退居夏口(汉江下游注入长江处),并派诸葛亮去柴桑(治今江西省九江市西南)见孙权,准备联合孙权抗击曹军。

孙刘联合，大胜曹军

诸葛亮到达柴桑后，与孙权的重臣鲁肃、周瑜一同为孙权分析形势，指出了曹军的弱点：后方不安、远道劳师、水土不服、短于水战，促使孙权决心抗曹。

曹操想快点儿打败孙权和刘备，就派一支水军过江试探，结果一交战就被打败了。他只好率军退到江北的乌林（今湖北省洪湖市东北长江北岸的乌林镇），与孙刘联军隔江对峙。

曹操下令，将战船相连，减弱了风浪颠簸，利于北方士兵作战。周瑜鉴于敌众我寡，若长期相持，于己不利，决意寻机速战。

周瑜的部将黄盖说："曹军的战船首尾相连，我们可用火攻之计。"周瑜表示赞许。于是，黄盖先向曹操送去一封书信，假意投降。然后，他带船数十艘出发，前面十艘满载浸油的干柴草，以布遮掩，插上与曹操约定的旗号，顺东南风驶向乌林。黄盖接近对岸时，曹操和他手下的官吏皆站在岸边等着黄盖前来，戒备较松懈。此时，黄盖命人点燃柴草，火船乘风闯入曹军船阵，顿时一片火海，火势迅速延及岸边营屯。孙刘联军趁势攻击，曹军死伤无数。曹操见败局已定，率领残兵退回北方去了。

赤壁之战，孙刘联军大获全胜。经此一战，三分天下的格局初步形成。

谁是"草船借箭"的主角？

"草船借箭"是《三国演义》中非常精彩的篇章，被誉为"神来之笔"。故事中的诸葛亮是智慧的化身，令人倾倒。那么，历史上的诸葛亮是否真的曾经"草船借箭"呢？

"以船受箭"的孙权

三国时期，的确有以船受箭的事情发生。不过，这一事件的主人公不是诸葛亮，而是孙权。据《三国志·吴书·吴主权传》，建安十八年（213年），孙权与曹操在濡须（今运漕河前身）对峙。孙权为了探察曹操水军的部署，冒险乘大船察看曹军水寨。面对敌人，曹营箭如雨下，落在孙权的船上。面向曹营的船身一侧，因落箭太多而倾斜，随时可能倾覆。孙权急中生智，下令调转船身，让船的另一侧受箭。不一会儿，船只恢复了平衡，并安全返回。就这样，孙权靠智慧安然脱险，还意外获得曹军"赠送"的大量羽箭。由此可见，"以船受箭"是孙权处于危难中的应急措施，并非主动地向敌军"借箭"。

更为精彩的"草人借箭"

唐安史之乱中，叛军包围雍丘（今河南省杞县）。守军与外界完全隔绝，羽箭用完了也没办法补充。就在这时，守将张巡心生一计。他命人用稻草扎成一千多个草人，还给草人穿上黑衣服。入夜后，守军用绳子绑着千余草人，沿着城墙缒下。叛军发现有动静，以为张巡派敢死队出城袭击，便射箭拒止。过了很久，叛军才发现"黑衣人"是草人。这时，守军将扎满了箭的草人拉入城中。经过清点，守军得到羽箭数十万支。

此后的一天晚上，叛军又发现守军在城头上缒下一些黑衣人。他们以为张巡故伎重施，不仅不攻击，反倒大声嘲笑起来。谁知这些"草人"落地后，竟然变成了活人，并以迅雷不及掩耳之势冲杀过来。全无防备的叛军被杀得大败，他们四散奔逃，溃不成军。

诸葛亮像

原来，张巡在以草人"借箭"数十万之后，充分利用敌人的麻痹心理，缒五百死士下城，击破了叛军。

"草船借箭"

罗贯中受孙权"以船受箭"的启发，结合张巡"草人借箭"的史实，写成了"草船借箭"。诸葛亮忠贞的品性，过人的智慧，鞠躬尽瘁、死而后已的精神一直受到后人的崇拜，于是有了诸葛亮"草船借箭"的故事。

司马昭之心是什么意思？

"司马昭之心，路人皆知"是大家熟悉的成语，它的意思是说一个人的野心非常明显，为人所共知。那么，司马昭到底做了哪些事，让他的野心路人皆知呢？

司马氏的崛起

司马昭的父亲是司马懿。司马懿，字仲达，河内温县（今河南省温县西南）人，是三国时期著名的政治家、军事家。他出身于世家大族，初为曹操主簿。曹操受封魏王，曹丕为魏王太子，司马懿改任魏王太子中庶子。他参与国家大政，常有奇策异谋，为曹丕信重。

曹丕死后，魏明帝曹叡立，司马懿受遗诏，与曹真、陈群一起辅政。这一时期，他最为显著的功绩是率大军成功对抗诸葛亮北伐和平定辽东（泛指辽河以东地区）。

景初三年（239年），曹叡去世，司马懿和曹魏权臣曹爽同受遗诏，辅佐年幼的齐王曹芳。曹爽排挤司马懿，夺取了后者的权力。对此，司马懿并不甘心，他假意称病，不参与朝政，却在暗中布置力量，密谋夺权。嘉平元年（249年），曹芳和曹爽到洛阳（今河南省洛阳市白马寺东洛水北

司马懿像

岸）城外高平陵祭祀曹叡，司马懿趁此机会，突然发动政变，又诳诱曹爽一党放弃抵抗，束手归洛阳。曹爽轻信司马懿，回城后被诬为谋反，不久其势力完全覆灭。

从此，曹魏政权落到司马氏手中。司马懿死后，其长子司马师继掌大权。他废掉曹芳，另立曹髦为帝。不久，司马师得了重病，死前他把一切权力交给了弟弟司马昭。

从司马昭到司马炎

司马昭总揽大权后，想取代曹髦。为此，他不断铲除异己，打击政敌。曹髦知道自己迟早会被司马昭除掉，于是他要先发制人，除掉司马昭。

一天，曹髦把自己的心腹找来，对他们说："司马昭之心，路人所知也。"他还表示，自己无法忍受就要被司马昭废掉的耻辱，便亲自率领宿卫数百人袭击司马昭。司马昭得到消息，立即派兵阻截，杀掉了曹髦。

事后，司马昭立曹操的孙子曹奂为帝。景元四年（263 年），司马昭派大军攻打蜀汉，蜀汉后主刘禅投降，蜀国灭亡。这样，司马氏家族的势力进一步壮大了。

司马昭灭蜀后不久去世。作为他的继承人，其长子司马炎于咸熙二年十二月（266 年）代魏称帝，改国号为晋，改元泰始，定都洛阳，史称"西晋"。

祖逖北伐
为什么会失败？

两晋之际，北方沦陷。名将祖逖率部渡江，誓复中原。北伐军一度推进到黄河岸边，却功亏一篑。这是为什么呢？

少有大志

祖逖出身大族，家世二千石。他豁达坦荡，少年时轻财好侠，闻鸡起舞，慨然有澄清天下之志。西晋末年，八王乱起，祖逖担任齐王司马冏大司马掾，累官太子中舍人。永嘉五年（311年），匈奴族刘曜率汉军攻陷洛阳（今河南省洛阳市白马寺东洛水北岸），晋怀

闻鸡起舞

帝被俘，中原大乱。这时，祖逖率亲党数百家南下避难，途中被推为流民首领。至泗口（今江苏省淮安市淮阴区西南），他被时任镇东大将军的司马睿任命为徐州刺史，不久祖逖被征为军咨祭酒，移居京口（今江苏省镇江市）。安顿下来后，他上书司马睿，力请北伐。

起兵北伐

建兴元年（313年），司马睿以祖逖为奋威将军、豫州刺史，命他北伐。然而，司马睿仅仅为他提供了一千名士兵的口粮和三千匹布，祖逖需要自募战士，自造兵器。祖逖携麾下部曲百余家北渡长江，中流击楫，宣誓道："祖逖不能清中原而复济者，有如大江！"至淮阴（今江苏省淮安市淮阴区），祖逖一面命人冶铸兵器，一面招募流散，得两千多人，后进驻雍丘（今河南省杞县）。当时，各地坞主（坞壁首领）相互攻击，依违于石勒与晋朝之间，祖逖便派人招抚众坞主，后进克谯城（今安徽省亳州市）。蓬陂坞主陈川投石勒，祖逖率军伐之，石勒遣石虎领兵五万救援，祖逖以奇兵击退石虎。后来，石勒控制的镇戍多归附祖逖，晋室将领李矩、郭默、上官巳、赵固等也愿听从祖逖的指挥。随着北伐形势的不断向好，祖逖先后收复黄河以南大部失地。

忧愤而终

正当祖逖秣马厉兵，积蓄力量，准备向黄河北岸推进时，东晋内部生乱，王敦擅政。大兴四年（321年），晋元帝司马睿遣戴渊为征西将军、都督司兖豫并雍冀六州诸军事、司州刺史，以监督祖逖。祖逖见北伐难成，自身又不得朝廷信任，遂忧愤成疾，当年卒于雍丘，其收复的土地不久便被石勒攻占。

031 "王与马,共天下"是什么意思?

东晋建立初期,社会上流传着一句话:"王与马,共天下。""王"与"马"的含义分别是什么呢?"共天下"又是什么意思呢?

西晋灭亡与东晋建立

西晋建武元年(304年),匈奴族刘渊起兵反晋,建立汉国,十六国时代开始。建兴四年(316年),汉国灭掉西晋。次年,晋琅邪王司马睿在江东重建晋朝,定都建康(今江苏省南京市),史称"东晋"。东晋与十六国南北对峙,这是中国历史上一个纷乱的时代。

司马睿与琅邪王氏

司马睿是在世家大族琅邪王氏的扶持下建立起东晋政权的,琅邪王氏的代表人物是王敦、王导兄弟。永嘉元年(307年),司马睿用王导之计,请求移镇建邺〔建兴元年(313年)改称建康〕,朝廷任命司马睿为安东将军、都督扬州诸军事。

司马睿到达建邺后,处于寄人篱下的尴尬局面。他本是晋皇室疏属,声望不高,因此江东大族顾、陆、朱、张、沈、周等颇为轻视司马睿。

在这种情况下,王导建议司马睿拉拢江东士族。在上巳节,古人会在水边嬉游。这天,司马睿乘肩舆出游,盛具威仪,王敦、王导及其他北方大族的名流皆骑马随从,以提高司马睿的威望。江东士族看到这个场景,大吃一惊,就争相拜见司马睿。至此,司马睿才站稳了脚跟。

此后数年，司马睿在南方苦心经营，北方的西晋朝廷日薄西山，直至灭亡。于是，司马睿走向了历史舞台的中央。

司马睿登基的那天，王导等文武官员前来朝贺。司马睿见到王导，命他升御床共坐。这个意外的举动，使王导大为震惊。他坚决推辞，司马睿便不再勉强。司马睿知道，自己能够继承皇位，全靠王敦、王导兄弟的帮

王导像

助。所以，司马睿分别在军事、政治上倚重王敦、王导。王家的子弟中，有很多人被封了重要官职。所以，当时出现了"王与马，共天下"的说法。

虽然司马睿当上了皇帝，但是他对大权旁落深感不满。本着加强皇权的目的，司马睿逐渐发展了一些心腹，企图抑制王氏的权势。感到威胁后，王敦便在驻地武昌（今湖北省鄂州市）起兵，攻占了建康，杀掉司马睿的心腹后退兵。不久，司马睿在忧愤中去世，他的儿子司马绍即位，是为晋明帝。此后，王敦气焰更胜，再次叛乱，不料突然因病去世，叛军亦土崩瓦解。

门阀政治

"王"与"马"的结合，是皇权衰微、门阀势力强大的必然结果。这种结合奠定了东晋的政权基础，也使东晋皇室一直难以摆脱门阀的控制。门阀政治是东晋历史的重要特点。

北魏孝文帝改革的内容是什么？

北魏统一中国北部后，以平城（今山西省大同市东北）为中心，遥制中原。当时，地方政权多为贵族和豪强把持。大量浮户、隐户依附豪强，逃避国家赋役。对于中央而言，加强中央集权是迫切需要解决的问题。

冯氏主持的改革

北魏皇兴五年（471年），孝文帝继位，年仅五岁，太皇太后冯氏临朝称制。太和八年（484年），她颁行俸禄制，禁止官吏自行向农民征税，统一财政收支。太和九年（485年），她又颁行均田制。次年，冯氏废除宗主督护，建立三长制，五家为邻，五邻为里，五里为党，邻、里、党三长征收租调，征发徭役和兵役，以

冯氏的方山永固陵

保证财政收入。这些措施都具有除弊开新的改革性质，适应了北魏进一步巩固统治的需要。

孝文帝继续改革

太和十四年（490年），冯太后死，孝文帝独揽朝政，继续推进改革。太和十七年（493年），孝文帝下诏颁布《职员令》21卷，进

一步整顿官制。具体如下：按汉晋制度，以尚书、中书、门下三省为朝廷政务中枢，地方行政分州、郡、县三级；官分九品，各品又分正、从，正、从各品又分上、中、下三阶，共九品五十四阶；所有官员进阶升品，须按规定条件，经过严格的政绩考核，才能实现。官制改革是孝文帝改革的重要组成部分，北魏此前"胡汉杂糅"的官名与机构被全面清理，鲜卑贵族不能再凭特权占据政治要津。

孝文帝的改革不断深入，这引起了平城保守势力的不满。此外，平城偏居北边，不利于孝文帝将北魏塑造为华夏正统，也不利于中原赋调的转输，于是有了迁都之议。孝文帝以南伐南朝齐为名，调集军队，成功实现了迁都洛阳（在今河南省洛阳市东）。部分贵族试图在平城谋反，受到镇压。

随后，孝文帝下令实施了旨在全面汉化的一系列改革：随迁洛阳的鲜卑等族，籍贯改为河南郡洛阳县，死后不得还葬平城；仿汉族传统服饰，创制新的鲜卑族服饰；宣布汉话为"正音"，官方场合不得使用鲜卑语及其他各族语言，违者免官。太和二十年（496年），孝文帝下令改变鲜卑姓氏，比如改皇族拓跋氏为元氏。他又仿照南朝，推行严格的门阀制度，规定穆、陆等八大鲜卑贵姓，其身份地位可比中原崔、卢、郑、王等四姓高门。

侯景之乱是怎么回事？

南朝时代，梁国发生了侯景之乱。在这场动乱中，江南社会遭到空前的浩劫。那么，侯景之乱是如何发生的？又是如何结束的呢？

侯景其人

侯景原为北魏怀朔镇（今内蒙古自治区包头市东北）戍卒。六镇兵变时，他投降尔朱荣，后高欢诛灭尔朱氏，他又投靠高欢，官至司徒、河南道大行台。太清元年（547年），高欢死，侯景与高欢之子高澄有隙，便发动叛乱，并派人向西魏和南朝梁洽降。西魏对侯景十分警惕，以援助为名，派兵占领侯景一半的地盘，并逼其交出兵权，入

梁武帝像

朝长安（在今陕西省西安市西北）。梁武帝则一度犹豫，但因好大喜功，终不顾多数朝臣的反对，纳降侯景，封他为河南王，都督河南南北诸军事，并派宗室萧渊明领兵5万进攻东魏。

侯景叛变及动乱的平定

十一月，梁军在彭城（今江苏省徐州市）外的寒山被东魏歼灭，萧渊明被俘。次年正月，侯景亦败于涡阳（今安徽省蒙城县），仅率

步骑八百狼狈南窜，中途夺取南朝梁的寿春（今安徽省寿县）。梁武帝听到寒山败讯，吓得几乎跌下床来。但他仍不对侯景采取果断措施，而是一面安抚侯景，一面与东魏谈判，企图以侯景换回萧渊明。侯景怕自己成为梁武帝交换萧渊明的筹码，便将寿春居民充作军士，并以萧正德（萧衍之侄）为内应，许以事成后立之为帝，于八月举兵反叛。

不久，侯景率骑数百、兵八千，顺利渡过长江，得萧正德内应攻入建康（今江苏省南京市），直指台城（宫城，中央台省与宫殿所在地）。十月二十四日，台城被围，三万梁军在良将羊侃的指挥下展开了惨烈的台城保卫战。叛军多次攻城，均被击退。台城被围日久，牺牲惨重，瘟病流行，横尸满路。守军存者仅两三千人，但仍坚持抗争，以待外援。

此时，集结在建康城外的各路援军多达二三十万人，但各路人马互相猜忌，无战心。本来，侯景见援军已至，十分恐慌，后来见援军号令不一，终无勤王之志，于是加紧攻城，终于在太清三年（549年）三月十二日攻破台城。

侯景矫诏解散援军，数十万梁军或走或降，一朝散尽。五月，被软禁的梁武帝病饿而逝，侯景立太子萧纲为帝（简文帝），自居相国、宇宙大将军、都督六合诸军事，派兵攻占三吴（泛指长江下游一带）等地。侯景叛军所到之处，专以焚掠、杀戮立威，但百姓宁死而不附。大宝二年（551年），侯景废简文帝。十一月，他自立为帝，国号"汉"。

次年，建康被梁将陈霸先、王僧辩等攻破，侯景逃亡时被部下杀死，叛乱终告平定。

"开皇之治"有哪些具体表现？

我们都知道，隋文帝杨坚建立隋朝，开创了"开皇之治"。那么，"开皇之治"的内涵是什么呢？

杨坚的崛起之路

杨坚出身于北周军功贵族家庭。周武帝时，他进位大将军，袭父爵为隋国公。他的长女是周宣帝皇后。大象二年（580年），周宣帝死，子静帝继位，年方8岁。杨坚趁皇帝年幼，总揽起军政大权。大定元年（581年），他代周称帝，国号隋，改元开皇，史称杨坚为隋文帝。开皇九年（589年），隋文帝灭掉陈朝，统一全国。

"开皇之治"的内涵

在大众的印象中，古代帝王的生活往往较为奢靡。然而，隋文帝却是个例外。在开皇前期，他不贪图享受，而是勤于政事，并取得了一系列成就。

在中央，隋文帝废除北周六官制，基本上确立了三省六部制，以利于加强中央集权。三省六部制对后世产生了很大的影响，六部之制甚至延续到清代末期。在地方，隋文帝简化行政机构，改南北朝以来的州郡县三级制为州县两级制。为了更好地控制地方，他还规定九品以上的地方官员全部由中央任免。

在立法方面，隋文帝令高颎等人编纂《开皇律》，后又命苏威等人重修这部律典，废除了其中的死罪八十一条，流罪一百五十四条，徒、杖等罪一千多条，最后保留五百条律令。《开皇律》是隋朝立法的最高成就，对唐律影响很大。

　　除了政治、法律方面的改革，隋文帝还采取了许多经济措施，以巩固其统治。他即位不久，就下令将五千头官牛分赐给贫苦农民，助其生产。他还多次下令减免农民的赋役，使他们有更多的时间从事农业生产。为使隐漏户口复归户籍，隋文帝采纳高颎的建议，实行输籍之法。

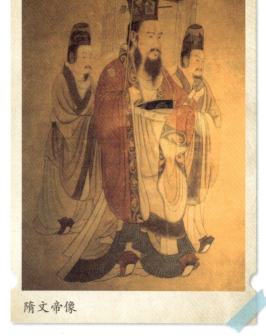

隋文帝像

"乱亡之兆"

　　开皇前期的一系列政治、经济措施成效显著，当时国内府库充盈，人丁大增。但另一方面，随着年龄的增长，隋文帝一改过去的俭朴作风，大修宫室。晚年，他用法严峻，社会矛盾加剧。所以史籍说，隋朝的"乱亡之兆"虽成于炀帝，但在文帝时期已开其端。

035 | 玄武门之变的 导火索是什么?

唐代初年,皇室爆发了著名的玄武门之变。那么,是什么原因导致了这场宫廷政变呢?

政变的过程

武德九年(626 年)六月四日,太子李建成和齐王李元吉上朝面圣。当他们骑马到达玄武门内临湖殿时,发觉伏兵,避走不及。就在这时,秦王李世民跃出,射死了李建成,其部下尉迟敬德杀死了李元吉。

事变发生后,尉迟敬德在李世民的授意下入宫,"请"李渊下令由秦王节制诸军。面对突发事件,李渊在受胁迫的情况下无奈接受了这一"请求"。这就是历史上著名的"玄武门之变"。

兄弟阋墙

唐高祖李渊的皇后窦氏生有四个儿子:长子李建成、次子李世民、三子李玄霸、四子李元吉,其中李玄霸早亡。李渊称帝后,按照嫡长子继承制,立李建成为皇太子,封李世民为秦王,封李元吉为齐王。

在打江山的过程中,李世民功勋显赫,逐渐握有实权,威名日隆。他开馆延揽四方文学之士,并网罗了一批谋臣猛将。但他身为次子,

唐高祖像

不能继承皇位。李建成生长于民间，了解社会状况，有政治才干，又因是长子，他得到了最高统治层的拥戴，还把四弟李元吉拉入了自己的阵营。所以，李建成在争夺皇位的斗争中处于优势。

高祖李渊为平衡诸子关系，给李世民加号天策上将、陕东道大行台等，位在王公之上，以示宠信，但对李世民功高震主之势也有所戒备。

武德九年夏，突厥数万骑入塞侵扰，李建成趁机向李渊推荐李元吉率诸军北征，防

唐太宗像

止李世民掌握兵权。李建成、李元吉又共谋调出秦王府的精兵骁将，以削弱李世民的力量。种种危机之下，李世民选择先下手为强，所以就上演了兄弟相残的一幕。

玄武门之变的影响

玄武门之变后，李渊立李世民为太子。武德九年八月，李渊退位，李世民即皇帝位，是为唐太宗。次年，李世民改元贞观，开启了历史上著名的"贞观之治"。

036 武则天是个
什么样的皇帝?

武则天曾是唐高宗的皇后,后来做了中国历史上唯一的女皇帝。那么,她在历史上有什么功过呢?

武则天的功绩

武则天重视经济发展。高宗在位时,她曾上疏"建言十二事",其中有劝农桑、薄赋敛、息干戈、禁淫巧、省力役等主张,高宗大多予以采纳。掌权以后,她命人编撰了《兆人本业》,还把这本书发到各州县,让州县官将它作为劝农的参考。面对因土地兼并而逃亡的农民,她采取了比较宽容的政策。因此,武则天统治时期,社会比较安定,农业有了很大发展。

武则天着力经营边疆。在她执政前,唐朝已在西域设立安西都护府(辖境东起今阿尔泰山,西至咸海,包括葱岭东西和阿姆河两岸诸城国)。她当权后,吐蕃于垂拱二年(686年)攻占了安西四镇(碎叶、龟兹、于阗、疏勒)。她组织反攻,于长寿元年(692年)遣王孝杰等大破吐蕃,恢复了安西四镇。长安二年(702年),武

武则天像

则天把天山以北地区从安西都护府划出来，另置北庭都护府（治所在今新疆维吾尔自治区吉木萨尔县北破城子）。

武则天重视科举，大开制科。有一次制科策试，她亲临考场，主持考试。武则天用人不看门第，而是看是否有政治才能。在武则天时期，高级官员中科举出身的人越来越多，这极大地激发了一般人读书的热情。开元、天宝年间"父教其子，兄教其弟"的社会风气，就是从武则天时期开始的。

除了大开制科，她还广开入仕之门。对于贤才，她进用不疑，求访不倦。由于她能够做到明察善断，务取真才实学，因此把当时最杰出的人才都吸引到了自己身边，如狄仁杰、娄师德等。武则天还为开元之治储备了一大批人才。开元时期，活跃在政治舞台上的姚崇、宋璟、张说、张九龄等人都是在武则天当政时得到培养、获得提拔的。

武则天的过失

武则天在夺取最高统治权的过程中，大肆排除异己，打击政敌，并杀害、贬逐一些被她怀疑的大臣。武则天还奖励告密，任用索元礼、周兴及来俊臣等酷吏广事罗织，严酷逼供，虽然消灭了一些政敌，但也滥杀了不少无辜。到武周政权正式建立以后，上述情况才有所好转。

此外，武则天崇佛教、建寺院、筑明堂，浪费了大量的人力、物力。在她统治时期，逃户问题已经日益严重，府兵制开始瓦解。

盛唐
为什么会走向衰落？

开元前期，唐玄宗明赏罚，裁冗官，宽平赋役，兴修水利，倡导节俭。当时，社会安定，经济发展，人户增加，国势强盛，号为"开元之治"。然而，繁华的背后却隐藏着重重危机。

安史之乱

开元后期，曾经雄心勃勃、励精图治的唐玄宗逐渐发生变化。在政治上，他认为天下太平，无复可忧，便深居禁中，怠问政事；在用人上，奸佞之臣李林甫、杨国忠、安禄山占据高位；在边疆问题上，唐玄宗不断地对吐蕃、南诏、契丹发动战争。这样做，不仅恶化了民族关系，还导致财政上用度不足的问题。他还大量扩充边军，导致军事布局上的外重内轻；在个人生活上，他专以声色为娱，宠爱杨贵妃。

开元年间，唐朝普遍在边疆设立节度使，这些节度使的权力很大。安禄山是营州（今辽宁省朝阳市）的胡人，因战功任平卢兵马使、营州都督等。在得到唐玄宗的信任后，他身兼范阳（今北京市西南）、平卢（今辽宁省朝阳市）、河东（今山西省太原市西南晋源镇）三镇节度使，封东平郡王。安禄山洞悉朝廷腐朽、军力空虚的内情，便训练精兵，囤积粮草，打造武器，准备叛变。

天宝十四载（755年）十一月，安禄山以讨伐宰相杨国忠为名，发兵十五万，号称二十万众，自范阳南下。叛军势如破竹，短时间内就从范阳打到洛阳（在今河南省洛阳市）。次年正月，安禄山在洛阳称帝，国号大燕。而唐朝军队连续遭遇败绩，潼关（今陕西省潼

马嵬驿

关县东北）陷落后，长安（在今陕西省西安市）失去屏障，唐玄宗被迫逃离长安。在到达马嵬驿（在今陕西省兴平市西）后，他的部队发起兵变，杀死奸相杨国忠，并迫使唐玄宗缢死杨贵妃。

藩镇割据

安史之乱使大唐王朝由盛转衰，社会经济遭到严重破坏。这场变乱后，藩镇势力变得更为强大，各地节度使为所欲为，有的节度使在其辖区内扩充军队，委派官吏，征收赋税，不服从唐朝政令，中央集权力量被严重削弱。这种混乱的局面也为五代十国时期中国的大分裂埋下了伏笔。

038 五代十国时期，
文化的发展程度如何?

众所周知，五代十国是中国历史上的大分裂时代。然而，在这个乱世之中，中国的文化仍然得到了一定的发展。

典籍的刻印

后唐时，政府开始刻印《九经》。长兴三年（932年），后唐明宗命国子监校正《九经》，并雇雕字匠人刻版，面向社会印行。这项工程旷日持久，直到后周广顺三年（953年）六月才全面完成。除《九经》之外，后唐政府还刻印了《五经文字》《九经字样》两部字书。后汉时，政府刻印了《周礼》等未刊的"四经"。后蜀宰相毋昭裔请蜀主刻印《九经》，蜀主从之。刻印《九经》，促成儒学经典的普及，有利于文化的传播。

史书的修纂

修史方面，后梁末帝下诏征集唐代的家传以及公私章疏。后唐明宗设三川搜访图籍使，命其到成都（今四川省成都市）一带搜寻《唐实录》，并明令保护唐人碑碣。这就为《旧唐书》的编撰做了重要而及时的准备。后晋天福六年（941年）至开运二年（945年），刘昫、张昭远等人领衔修成《唐书》，后世称为《旧唐书》。

文学的发展

五代十国是词的重要发展时期。在西蜀地区，前蜀有韦庄，后蜀有欧阳炯，他们的作品后来由赵崇祚等收入《花间集》。南唐的重要词人有冯延巳、中主李璟、后主李煜。李璟、李煜父子的作品，后人集为《南唐二主词》。

画家与画作

绘画方面，后梁荆浩擅画崇山峻岭。关仝师承荆浩，擅长画关河之势。两人并称"荆关"，是五代时北方山水画的代表人物。南唐的董源、巨然擅用或浓或淡的水墨描绘江南景色，两人并称"董巨"，是五代北宋时南方山水画的代表人物。后蜀的黄筌擅画珍禽异卉，南唐的徐熙擅画江湖上的水鸟汀花，两人并称"黄徐"。宋代郭若虚在《图画见闻志》中以"黄家富贵，徐熙野逸"形容两人作品风格的不同。此外，南唐顾闳中所画《韩熙载夜宴图》为传世的艺术珍品。

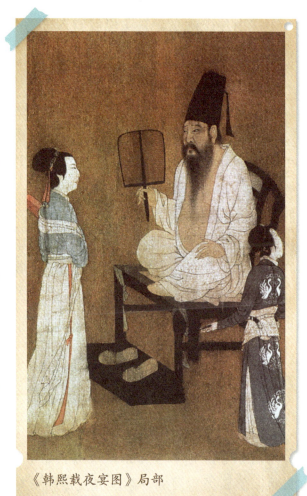

《韩熙载夜宴图》局部

039 为什么说陈桥兵变是"千秋疑案"?

我们都知道,赵匡胤通过陈桥兵变夺取了后周政权。然而,这一事件中存在疑点,兵变也被后人称为"疑案"。那么,陈桥兵变的真相究竟如何呢?

掌握禁军的赵匡胤

后唐天成二年(927年),赵匡胤出生在洛阳(即今河南省洛阳市隋唐故城)一个军人家庭。他的父亲赵弘殷在后唐、后汉、后周屡立战功。赵匡胤自幼习武,擅骑射,勇武过人。长大后,他投到后汉枢密使郭威麾下,并与一些禁军将领结为"义社十兄弟"。郭威建立后周后,赵匡胤和他的父亲在禁军中担任要职。

后周的第二位皇帝世宗柴荣是郭威的养子,他颇有作为。遗憾的是,显德六年(959年),柴荣英年早逝。他年仅七岁的儿子柴宗训继位,是为后周恭帝,恭帝的母亲符太后摄政。当时,赵匡胤担任归德军节度使、检校太尉。他借机在禁军中黜降、提拔敌、友势力,总体上控制了禁军。

兵变的过程

次年春,北部边防的急报忽然而至:"十国"之一的北汉与契丹合兵南下,进犯后周。赵匡胤受命率大军启程,北上御敌。

正月初三晚上,赵匡胤的大军到达陈桥驿(在今河南省封丘县东南)。到了半夜,在赵匡胤的弟弟赵匡义、心腹幕僚赵普等人的策划和鼓动下,军士们在驿站门外集结。有人提出:当今皇帝年幼势弱,我们拼死杀敌,谁能知道我们的功劳?不如拥立点检(赵匡胤曾任殿前都点检）为天子。有人表示反对，但无力阻止。

四日凌晨，赵匡义和赵普带领众将，闯入赵匡胤的卧室，把他叫醒。睡眼惺忪之际，赵匡胤听到手下的将领们说："我们没有明主，愿意拥立您为天子。"赵匡胤还没来得及回答，已经有人将事先准备好的黄袍披在了他的身上，随后便是山呼海啸般的"万岁"声。紧接着，有人扶着赵匡胤的胳膊，将他搀上马，准备返回京城（后周定都开封，即今河南省开封市）。此时，赵匡胤才完全清醒，他拉住缰绳说："我有号令，你们能听从吗？"众将官立刻翻身下马，表示愿意服从命令。赵匡胤便提出不得侵犯符太后、后周恭帝和公卿大臣，不得抢劫公私财物等禁令。众人保证遵守，他便班师回京。

赵匡胤的部队到达京城时，他的结义兄弟石守信、王审琦打开城门迎进，随后赵匡胤迅速控制了京城。宰相范质等人被带到殿前司公署。在那里，赵匡胤哭着对范质说："违负天地，今至于此！"范质等人见大势已去，无力回天，旁边又有赵匡胤的心腹举刀威胁，只得叩拜"万岁"。

不久，赵匡胤正式登基，改国号为"宋"，改元"建隆"，定都开封。宋朝正式建立。

"千秋疑案"的疑点

在宋朝官方的记载中，宋太祖赵匡胤在陈桥兵变中被"黄袍加身"，实属被逼无奈。然而，后世很多研究者对这种说法持怀疑态度，试举以下两个疑点：一、北汉与契丹合兵攻打后周是否属实？因为陈桥兵变后，再也没有人提及北方边患。二、黄袍从何而来？在等级森严的封建时代，不要说一件绣龙黄袍，即便是明黄色的布匹，也属御用之物。这么重要的物件，兵变时却能"即取即用"，要说不是预先准备，恐怕难以令人信服。

040 | 澶渊之盟是
怎么回事？

后唐清泰三年（936年），河东节度使石敬瑭向契丹割让燕云十六州（相当于以今北京市和山西省大同市为中心，东至河北省遵化市，北迄长城，西界山西省神池县，南至天津市海河以北，河北省河间市、保定市及山西省繁峙县、宁武县一线以北地）。自此以后，中原王朝长期失去了北面防守的屏障。后来的辽国以燕云十六州为跳板，多次南侵。

澶州之战

北宋景德元年（1004年）闰九月，辽承天皇太后和辽圣宗耶律隆绪以收复瓦桥关（今河北省雄县旧南关）南十县为名，发兵南下，直逼黄河边的重镇澶州城（今河南省清丰县西南），威胁宋朝都城东京开封（今河南省开封市）。

大兵压境，宋朝朝野震动。关于如何对敌，朝堂上产生了争论。大臣王钦若主张迁都昇州（今江苏省南京市），大臣陈尧叟主张迁都益州（今四川省成都市），宰相寇准则力排众议，促请宋真宗赵恒亲征。宋真宗被迫北上，抵达澶州，宋军士气为之一振。同时，宋军在澶州前线以伏弩射杀辽南京统军使萧挞凛，辽军士气大挫。于是，

宋真宗像

宋、辽两军开始对峙。

辽军此次南侵，目的是掠夺物资，并对宋朝进行政治讹诈。现在，辽军阵前折将，又有退路被切断的危险，便决定与宋议和。宋真宗和大部分朝臣长期惧辽，他们既认识到边防体系存在的严重问题，又缺乏与辽军打持久战的信心，所以也希望抓住机会和谈。在此局面下，辽、宋双方停战议和，并于景德元年十二月签订澶渊（因澶州亦名"澶渊郡"）之盟。盟约规定，宋朝每年给辽绢20万匹、银10万两。此外，双方约定为兄弟之国。

澶渊之盟的意义和局限

澶渊之盟的订立，是宋辽双方在军事力量和经济实力方面达到某种平衡的产物。盟约缔结后，宋、辽之间进入了一个相对和平的时期，这为双方经济文化的交流创造了条件。然而，澶渊之盟的订立也给宋朝的国防战略带来极大的消

澶渊之盟纪念馆

极影响，使得宋廷过分依赖议和手段，轻视武备建设，从而在边防上长期陷入被动挨打的境地。

041 靖康之变是 如何发生的?

我们都知道,北宋亡于靖康之变。那么,靖康之变是怎么发生的? 它发生的历史背景是什么呢?

女真族崛起

女真族是我国古老的民族之一,居住在黑龙江流域和长白山一带,过着游牧、渔猎的生活。辽宋时期,辽朝对女真人极力搜刮、掳掠,激起了女真人的不满和反抗。辽天庆五年(1115年),女真首领完颜阿骨打建国称帝,国号"金",年号"收国"。辽天祚帝耶律延禧御驾亲征,结果作战失利,仓皇败逃。自此,完颜阿骨打开启了灭辽之战,而辽丧失了战略上的主动权,一路败北。金天辅七年(1123年),完颜阿骨打去世,他的弟弟完颜晟即位,继续灭辽之战。

海上之盟

此时的北宋,正值宋徽宗赵佶在位。他重用蔡京、童贯、高俅等人,横征暴敛,骄奢淫逸。他设立造作局,这一机构专门制造供皇室享用的奢侈品。为了搜括民间奇花异石,他还成立了苏杭应奉局,该局负责用船将花石送到开封(今河南省开封市)。此外,宋徽宗还大兴土木,霸占民田,迷信道教。他的腐朽统治,激起了方腊、宋江等农民起义。

北宋建国之初,即面临因丧失燕云十六州(相当于以今北京市和山西省大同市为中心,东至河北省遵化市,北迄长城,西界山西省神池县,南至天津市海河以北,河北省河间市、保定市及山西省繁峙县、宁武县一线以北地)而产生的巨大军事压力。为了摆脱这一国防上的困境，北宋上层曾组织北伐，却未能实现既定目标。随着金朝在北方崛起，宋徽宗看到了收复燕云十六州的希望。于是，重和元年（1118年），宋徽宗派遣使节渡海北上，和金秘密交涉结盟攻辽事宜。经反复磋商，宣和二年（1120年）双方达成协议：宋金各自出兵伐辽，辽亡后，金将燕云十六州交给北宋，北宋则把给辽的岁币转赠于金。因双方使臣都是走海路往来，所以上述盟约被称为"海上之盟"。

结果，北宋两次出兵攻打辽燕京（治今北京城西南隅）均告失败，彻底在金面前暴露了自己的军事实力。而金则灭掉了辽，并拒绝把燕云十六州交给北宋。北宋许金以银、绢巨万，金才交给宋其中的六州及燕京。

金灭北宋

宣和七年（1125年），金乘胜南下攻宋，宋徽宗惊恐之下传位给太子赵桓。赵桓即宋钦宗。

宋钦宗见金军势大，想离京南逃。大臣李纲坚决主战，成功劝说宋钦宗留在开封。李纲组织军民死守开封，击退了金军的进攻。金军于靖康元年（1126年）二月撤军，开封保卫战告一段落。

然而，在金军撤离之后，李纲即遭到宋廷投降派的排斥和诬陷。不久，李纲被逐出朝廷，而金军则再次南下，围攻开封。宋钦宗不得不重新启用李纲，但还未等李纲赶到，金军就在靖康元年闰十一月二十五日攻破开封。靖康二年（1127年）四月，金军在开封大肆掳掠之后，俘虏徽钦二帝、宗室、后妃等数千人，以及教坊乐工、技艺工匠，携法驾、仪仗、冠服、礼器、天文仪器、珍宝玩物、皇家藏书、天下州府地图等北去，开封城为之一空，北宋灭亡，史称"靖康之变"。

 谁是
"史学两司马"？

司马迁是西汉史学家，著有《史记》。司马光是北宋史学家，撰有《资治通鉴》。他们在中国史学史上占有重要地位，合称"史学两司马"。

司马迁与《史记》

司马迁的父亲是史学家司马谈。早年，司马迁遍游南北，考察风俗，采集传说。元封三年（前108年），他接替父亲的职务，任太史令。后来，因对李陵投降匈奴事有所辩解，司马迁获罪下狱，受腐刑。出狱后，司马迁任中书令，完成了《太史公书》（后称《史记》）。

《史记》共一百三十篇，是中国第一部纪传体通史。作者在写作

《史记》书影

时，依据《左氏春秋》《国语》《世本》《战国策》《楚汉春秋》及诸子百家之书，利用皇家收藏的文献，益以实地采访的资料，取材极富。《史记》记事起于传说中的黄帝，迄于汉武帝，首尾共三千年左右，尤详于战国、秦、汉。这部大书以本纪、世家、列传记录不同的人物、政权、民族，以八书记制度沿革，立十表以通史事的脉络，为后世各史所沿用。

司马光与《资治通鉴》

北宋治平三年（1066年），司马光撰成时间断限为战国迄秦的《通志》八卷。英宗读后，非常重视，命他设局续修。神宗以其"鉴于往事，有资于治道"，遂将这部书改名为《资治通鉴》。王安石推行新政，司马光竭力反对，强调祖宗之法不可变。后来，司马光被任命为枢密副使，他坚辞不就，于熙宁三年（1070年）出知永兴军（治今陕西省西安市）。次年，他退居洛阳，以书局自随，继续编撰《资治通鉴》，至元丰七年（1084年）成书。

《资治通鉴》共二百九十四卷，另有考异、目录各三十卷，属于编年体通史。全书上起周威烈王二十三年（前403年），下迄五代周显德六年（959年）。在写作时，作者除取材十七史以外，尚有野史、传状、文集、谱录等三百四十种左右。《资治通鉴》的内容以"关国家兴衰，系生民休戚"为主，"不特纪治乱之迹"，于礼乐、历数、天文、地理"尤致其详"。全书有"考异"以明取材不同之故，有"目录"以备查阅之用，提供了较系统而完备的资料。

043 程朱学派有哪些思想主张?

程朱学派是中国古代社会后期最具影响力的思想流派。程即程颢和程颐，朱即朱熹。由于他们的思想一脉相承，均以理为最高范畴，后人把他们合称为"程朱学派"。

北宋的二程

程颢、程颐早年受业于周敦颐，接受其道德性命之学。后来，二程建立了自己的哲学体系。

程颢提出"天者理也"和"只心便是天，尽之便知性"的命题，认为知识、真理的来源，只是内在于人的心中。如果人的心寂然无事，"廓然大公""内外两忘"，即能"穷理""尽性"。他还倡导"传心"说，认为前圣、后圣所传的不是圣人之道、圣人之心，而是自己的心，"己之心，无异圣人之心""欲传圣人之道，扩充此心焉耳"。

程颐的学说以"穷理"为主，认为"天下之物皆能穷，只是一理"。这理"在天为命，在人为性，论其所主为心，其实只是一个道"，从而强调"格物之理，不若察之于身，其得尤切"，主张以"涵养须用敬，进学则在致知"的修养方法，使被人欲所蔽的天赋德性得以修复，即"复其性"。他还主张"去人欲，存天理"，以纲常名教为天理，以私欲为人欲。

二程雕像

南宋的朱熹

　　二程的学说在北宋已经具有了一定的影响力，他们的弟子包括杨时、谢良佐和吕大临等。通过其弟子及再传弟子的努力，二程的思想传播在南宋有了更大的发展，当时主要的学术流派几乎都与二程有关系。

朱熹像

　　朱熹是二程的四传弟子，他不仅继承、发展二程思想，而且集诸儒之大成，对北宋以来的理学思潮进行了一次全面总结，建立了一个系统的理学体系。他论述了理气关系，认为"天地之间，有理有气，理也者，形而上之道也，气也者，形而下之器也，生物之具也"，理气不离，但理本气末，气是理之挂搭处、安顿处。他提出了系统的格物致知说和知行学说，主张"穷理以致其知，反躬以践其实"，认为"一旦豁然贯通"，就会达到"众物之表里精粗无不到，而吾心之全体大用无不明"的学问境界。他还建立了完整的人性学说和有次第的功夫修养方法论。

程朱学派的地位

　　从南宋后期起，程朱学派逐渐受到统治者的重视，长期居于思想上的统治地位，对中国古代社会后期的政治、经济、文化产生了巨大影响。

044 什么是行省制度?

元代的行省制度，对此后的中国历史产生了深远影响。那么，什么是行省制度？这一制度有什么特点呢？

"省"的沿革

自元代始，行省成为地方最高行政区划。行省的"省"本来是官署的名称，其来源可以追溯到魏晋时期。当时，中央政府权力机构分为中书、门下、尚书三省。如果地方有事，中央政府派出部分官员前去处理，组成行台省，即中央的行动机构。这一制度唐初也曾运用，而到了金代末年，金的边境、内地都不安宁，中央经常派行台省前去应付。这一做法延续了数十年之久，使行台省渐渐带有行政区划的色彩。

忽必烈像

忽必烈建立元朝后，成立了全国最高行政机构中书省，而元在征服北部中国的过程中，向金朝学习，以行中书省（有时是行尚书省）作为管辖新征服地区的行政机构。久而久之，这个机构管辖的地区也挂上了中书省的名称，简称行省或省。同时，作为中央政权机构的中书省本身也直辖包括首都在内的一大片地区。

元代行省的划分原则

元代各行省的面积很大。而且，行省长官手握军政和财政大权，极易形成地方割据势力。为了解决这一隐忧，元代行省的划分，背弃了中国古代一直沿用的"山川形便"原则，转而采用"犬牙相入""以北制南"的方针。

所谓"山川形便"，是以天然山川作为行政区划的边界，使行政区划与自然地理区划相一致。历史上，秦岭、淮河、南岭、太行山、祁连山等，都曾是划分行政区的标志性界线。这样做的好处是，行政区域与自然地理区域一致，区域内气候、地貌相似，且没有山川阻隔，内部经济、文化交流方便，居民文化传统、生活习俗相近。但是，这种划分方式容易形成地方割据势力。

元朝为了加强中央对地方的控制，打破了自然地理界线，人为地制造相邻省份间犬牙交错和以北制南的局面。例如，湖广行省以湖南、湖北为主体而又越过了南岭兼有广西，江西行省越过南岭拥有广东，江浙行省从江南平原一直绵延到福建山地，陕西行省越过秦岭而拥有汉中盆地。

元朝行省制度的确立，是中国地方行政制度的一项重大变革。它的实施加强了中央对地方的管理，在一定程度上巩固了元朝的统治。

045 | 谁是 "元曲四大家"?

关汉卿、马致远、郑光祖、白朴是元代著名的杂剧作家，又称"关马郑白"。元代周德清在《中原音韵》中第一次称他们为"元曲四大家"。

关汉卿

关汉卿号已斋叟，大都（今北京市）人。他的生年约在金末，卒于元。元钟嗣成的《录鬼簿》记载关汉卿曾任太医院尹。他的杂剧今知六十余种，现存《窦娥冤》《救风尘》《拜月亭》等十多种。他的戏曲作品题材广泛，内容丰富，多方面地揭示了金元时代的社会现实，表现了古代人民特别是青年妇女的苦难遭遇和斗争精神，塑造了窦娥、赵盼儿、王瑞兰等多种典型的妇女形象。

《窦娥冤》的全名是《感天动地窦娥冤》。在这部剧中，寡妇窦娥受流氓张驴儿迫害，并被张诬控杀人。官府判窦娥死刑，她临刑时指天为誓：死后必血溅白练、六月降雪、大旱三年，以白己冤。这些誓愿全部应验。后来，窦娥的父亲为官，为窦娥昭雪。

马致远

马致远号东篱，一说字千里，大都（今北京市）人。他曾任江浙行省官吏。马致远的戏曲创作以格调飘洒脱俗，语言典雅清丽著称。他的神仙道化剧在元明杂剧中颇有影响。他的杂剧今知十五种，存《汉宫秋》《荐福碑》《岳阳楼》等七种。

《汉宫秋》的全名是《破幽梦孤雁汉宫秋》。在剧中，西汉元帝受匈奴威胁，被迫送爱妃王昭君出塞和亲。剧本着重刻画将相的怯懦自私，对元帝则予以同情，描写他同昭君分离时的痛苦，最后以元帝思念昭君入梦，醒后听到孤雁哀鸣结尾。

马致远故居

郑光祖

郑光祖字德辉，平阳襄陵（今山西省襄汾县西北）人。他曾任杭州路吏。郑光祖善作曲，名闻天下，人称"郑老先生"。他的杂剧今知十八种，存《倩女离魂》《王粲登楼》等五种。

《倩女离魂》的全名是《迷青琐倩女离魂》。这部剧取材于唐陈玄祐的传奇小说《离魂记》。在剧中，张倩女与王文举相爱，为母阻挠，文举被迫进京赴考，倩女思念文举而魂魄离躯，赶上文举后，双方结为夫妇。

白朴

白朴字仁甫、太素，号兰谷先生，隩州（今山西省河曲县）人。他的杂剧今知十六种，存《墙头马上》《梧桐雨》《东墙记》三种。

《墙头马上》的全名是《裴少俊墙头马上》。在剧中，李千金同裴少俊相爱而私自结合。他们匿居裴家花园七年，并育有子女。后来，他们被裴父发现，裴父强令少俊休妻。少俊赴考得官，裴父到李千金处赔礼，少俊方与李千金重圆。剧本情节脱胎于白居易新乐府《井底引银瓶》，塑造了一个敢于反抗封建礼教的妇女形象。

朱元璋出身贫民，为了生活曾四处乞讨，却最终建立了大明王朝。那么，他是怎么做到的呢？

早年生活

朱元璋，幼名重八，又名兴宗，后改名元璋，字国瑞，濠州钟离（今安徽省凤阳县东北）人。十七岁时，家乡大旱，又发生了瘟疫，朱元璋的父母与长兄都染病而亡。他无依无靠，只得入皇觉寺为僧。不久，寺院关闭，朱元璋便到处游走，以乞讨为生。

冯国用像

从参军到建军

至正十一年（1351年），因黄河连年决口，元政府征发十三路民夫修治黄河。北方白莲教首领韩山童及其门徒刘福通等趁机进行反元宣传，鼓动河工发动起义。消息泄露，韩山童被捕牺牲，刘福通率众突围，组建北方红巾军，点燃了元末农民大起义的烈火。

至正十二年（1352年），定远（治今安徽省定远县东南）人郭子兴起兵响应，攻占濠州（治今安徽省凤阳县东北）。朱元璋前往投奔，因

- 92 -

智勇过人，被郭子兴收为心腹。他还娶了郭子兴的养女马氏。

此后，朱元璋在濠州一带吸收农夫入伍，并收编了几支地主武装，严加训练，培养了一批心腹骨干和一支数万人的精兵。在攻占定远等地的过程中，朱元璋开始吸收冯国用、冯胜、李善长等一批下层士子，用为谋士、顾问，并采纳他们的建议，定下先取集庆（治今江苏省南京市）以为根本，然后谋取天下的战略目标。

至正十五年（1355年），刘福通拥立韩山童之子韩林儿为小明王，建立以宋为国号的农民起义政权。不久，郭子兴病故，朱元璋代领其部，被小明王授为左副元帅。

从攻占集庆到建立明朝

至正十六年（1356年），朱元璋打下了集庆，改集庆为应天府。从此，朱元璋以应天府为根据地，开始了统一天下的进程。此后十余年，他消灭陈友谅、张士诚等敌对势力，还以迎小明王赴应天为名，在途中将其暗杀。

明太祖像

1368年，朱元璋称帝，建立明朝，年号洪武，定都应天府，史称他为明太祖。同年七月，朱元璋手下的大将徐达率领北伐大军，逼近大都（今北京市），元顺帝仓皇出逃，元朝灭亡。

047

朱元璋
为什么废除丞相制度？

洪武十三年（1380年），明太祖朱元璋以谋反罪诛杀丞相胡惟庸，接着废除了丞相制度和中书省，六部直接向皇帝负责。

皇权、相权之争

战国时代，秦国始置丞相一职。前221年，秦始皇统一六国，建立秦朝，并继承了秦国的丞相制度。此后，这一制度又存在了上千年。

丞相作为中央行政机构的首脑，总领百官，协助皇帝处理政务。不过，作为中国古代君主之下的最高行政长官，丞相是王朝政治中的二号人物，对君权构成了现实威胁。一旦皇帝昏聩无能，或耽于享乐，就给丞相提供了专权之机。

秦始皇像

历代皇帝削弱相权的措施

历代皇帝总是想方设法地削弱相权，以保证皇权的稳固。

西汉时期，汉武帝为加强皇权，命自己的近臣（侍中、常侍、给事中、尚书等）组成"内朝"（或称"中朝"），来削弱以丞相为首的"外朝"的权力。隋唐时，中央实行"三省制"，三省鼎立，共议国政，执行丞相职能。北宋时，中央采用的是以丞相为首的宰辅集体领导制度。换言之，执政者是一个领导集体，丞相无法在军国大事上搞一言堂。

废除丞相制度

尽管历代王朝都对相权采取了限制、削弱、分割的措施，但并没有从根本上解决问题。因为相权的存在就是一个对皇权的潜在威胁。它必然会不断地寻找时机和缺口，以增强同皇权抗衡的力量。明代初年，发生了"胡惟庸案"。胡惟庸担任丞相一职后，颇受皇帝宠任。他得意忘形，独专生杀黜陟之权，文武之臣，多奔走其门下。对此，朱元璋感到如芒在背，于是他杀掉胡惟庸，并借机废除了丞相制度。

汉武帝像

什么是
厂卫特务机构？

048

明代有东厂、西厂与锦衣卫。三者同为特务机构，关系亦密切，故常合称为"厂卫"。

厂卫机构的建立及发展

锦衣卫亦称"锦衣亲军都指挥使司"，成立于明洪武十五年（1382 年）。锦衣卫原为护卫皇宫的亲军，掌管皇帝出入仪仗。朱元璋特令锦衣卫兼管刑狱，赋予其巡察缉捕的权力。东厂是宦官侦缉机构，始置于明成祖朱棣当政的前期，但秘而不宣。永乐十八年（1420 年），它在京师东安门北正式建官衙，始公开活动。东厂从事特务活动，凡事可直接报告皇帝，权力在锦衣卫之上。西厂也是宦官侦缉机构。成化十三年（1477 年），朝廷在东厂以外增设西厂。西厂随意侦伺官民隐事，有生杀之权。后来，西厂因遭到反对而被撤销。武宗时，宦官刘瑾专权，西厂一度被恢复，刘瑾死后又被废。东厂和锦衣卫一直存在，明亡方废。

明成祖像

厂卫机构的影响

厂卫是明代独创的机构，是凌驾于法律和司法机关之上的直接从事镇压的工具。它的权力非常广

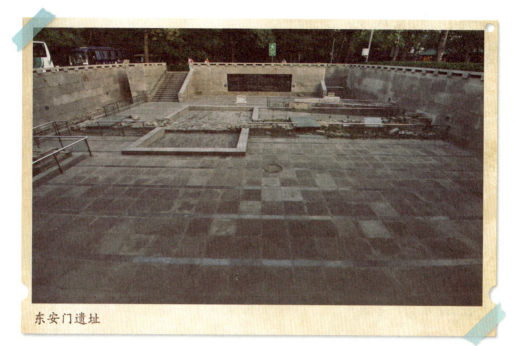

东安门遗址

泛，包括侦查权、部分司法权、部分军权和某些监察权等。它直接服务于皇权，把皇帝的统治触角延伸到社会的各个方面。

厂卫作为明王朝推行的特务制度，是对明代基本政治制度的补充，它的实行具有一定的合理性，加强了皇帝对中央和地方的控制。明王朝可以通过厂卫机构直接行使对臣民的司法审判，强化了皇帝对文武百官和平民百姓的威慑力。厂卫创造的严密监察体系对遏制官员的腐败也起到了一定的作用。

当然，厂卫制度的负面影响是居于主导地位的。首先，厂卫干预了司法机构独立行使司法权。厂卫有侦缉、审判、关押、刑讯的司法大权，严重破坏了国家的正常法制秩序。其次，厂卫机构滥用刑罚，实行恐怖统治。因此，厂卫的存在，激化了明代的社会矛盾，加速了社会危机的爆发。

清代有
哪些重大的文字狱?

所谓"文字狱",即旧时统治者从文人作品中断章取义地摘取字句、罗织罪名所造成的冤狱。文字狱历代皆有,尤以清雍正、乾隆两朝为甚,其刑罚残酷,株连众多。

清代文字狱的特点

一、从文字狱的次数和规模来看,爆发的频率越来越高。康熙朝(1662—1722年)的61年间,文字狱不超过10起。然而,到了雍正朝(1723—1735年),13年内的文字狱达27起。乾隆皇帝统治的63年间更是达到130起以上。

二、从文字狱的"罪状"来看,文禁越来越严,文网越来越密。文人在遣词造句时稍有不慎,便会触犯禁忌,身陷囹圄。

三、从罹罪者的身份来看,范围越来越广。康雍时期,罹罪者多是官僚、乡绅、名士,乾隆时期则祸及粗通文墨的社会下层。

清代文字狱影响大者,有康熙年间的《明史》案、《南山集》案和雍正年间的曾静案。

《明史》案

浙江湖州(今浙江省湖州市)富人庄廷鑨招集学人编辑《明史》,称努尔哈赤为"建州都督",不书清帝年号,而书"隆武""永历"等南明年号。康熙初,庄廷鑨被人告发,当时他已死,被戮尸,庄氏家属和为书作序、校阅、买书、卖书、刻字、印刷的人,以及地方官吏,分别被处死刑或流放。

《南山集》案

戴名世（1653—1713 年），字田有，号忧庵，人称潜虚先生。他留心明代史事，访问遗老，考订野史，准备成书。康熙四十一年（1702年），他的《南山集》面世，其中多采方孝标《滇黔纪闻》所载南明永历朝史事。《南山集》中的《与余生书》用"弘光""永历"等南明年号。康熙五十年（1711 年），都御史赵申乔奏劾《南山集》语悖逆，于是朝廷兴大狱。康熙五十二年（1713 年），《南山集》案结案，戴名世以"大逆"罪被杀。当时，方孝标已死，被剖棺戮尸，家属被处充军。方苞为《南山集》作序，被下狱。刊刻、发售者均获罪。

曾静案

曾静是康熙朝秀才，因读吕留良遗著，深受"华夷之辨"、反清复明思想的影响，所以反对清朝统治。雍正六年（1728 年），他命弟子张熙投书川陕总督岳钟琪，劝其举兵反清，被岳告发下狱，其供词涉及民间流传的雍正帝篡权夺位之说。雍正十年（1732 年），朝廷结案，将吕留良开棺戮尸，又焚毁其著述，吕留良的子孙、门徒均受牵连。曾静被免罪释归。然而，乾隆帝即位后，曾静与张熙仍被捕杀。

乾隆帝像

《红楼梦》在 中国文学史上的地位如何?

《红楼梦》是四大名著之一,也是明清小说的代表作之一,历来广为流传。那么,放眼中国文学史,这本书有什么样的地位呢?

曹雪芹的生平

《红楼梦》的作者是曹雪芹。曹雪芹,名霑,字梦阮,号雪芹、芹圃、芹溪。自他的曾祖曹玺起,曹家三代任江宁织造,祖父曹寅尤为康熙帝所信重。至雍正初年,受朝中政治斗争牵连,他的父亲曹颒被免职,家产被抄没,全家被迫迁居北京(今北京市)。曹雪芹生于南京(今江苏省南京市),早年间经历了一段富贵繁华的生活,受过良好的文化艺术教育,北迁后家道中落。晚年,他和家人居住在北京西郊,因爱子夭折感伤成疾,年未五十而卒。

《红楼梦》

《红楼梦》原名《石头记》,是长篇小说,成于清乾隆年间。这本书共一百二十回,前八十回系曹雪芹原笔,后四十回一般认为系高鹗续成。曹雪芹写的部分在撰写、修改过程中就以抄本流传于世。乾隆五十六年(1791年),程伟元等将前八十回加以修改,与后四十回续稿合为一书,以活字版排印(即"程甲本"),从此一百二十回本开始流行。

《红楼梦》以新颖进步的思想内容和高度的艺术创新精神,打破了传统的思想和写作方法,在思想性和艺术性上取得了极高的成就,达到了中国古代长篇小说写实主义的高峰。小说以贾、王、史、薛四大家族的兴衰为背景，以贾宝玉、林黛玉的爱情悲剧为主线，以一系列少女的悲惨命运为中心，以荣、宁两府的复杂生活为基础，描写了封建社会的各个阶层，触及了当时的政治、经济、法律、文化、教育、宗教、婚姻、妇女等各方面错综复杂的矛盾冲突，揭露了封建制度的腐朽黑暗。小说以精雕细琢的笔触，刻画了贾宝玉、林黛玉、王熙凤、薛宝钗、尤三姐、晴雯等许多具有鲜明个性的艺术形象。小说的语言是我国历代小说中最成熟、最优美的，洗练而自然，朴素而多彩，准确而传神，达到了炉火纯青的境界。

位于北京的曹雪芹故居纪念馆